Friedrich Hildebrand von Einsiedel

Grundlinien zu einer Theorie der Schauspielkunst

bst einer Analyse einer komischen und einer tragischen Rolle, Falstaf

und Hamlet von Shakespeare

Friedrich Hildebrand von Einsiedel

Grundlinien zu einer Theorie der Schauspielkunst

Nebst einer Analyse einer komischen und einer tragischen Rolle, Falstaf und Hamlet von Shakespeare

---

ISBN/EAN: 9783845744629

Erscheinungsjahr: 2012

Erscheinungsort: Bremen, Deutschland

www.unikum-verlag.de | office@unikum-verlag.de

Friedrich Hildebrand von Einsiedel

Grundlinien zu einer Theorie der Schauspielkunst

bst einer Analyse einer komischen und einer tragischen Rolle, Falstaf

und Hamlet von Shakespeare

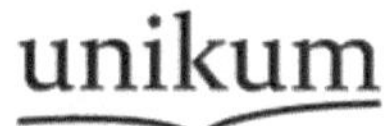

GRUNDLINIEN

ZU

EINER THEORIE

DER SCHAUSPIELKUNST

NEBST DER ANALYSE

EINER KOMISCHEN UND TRAGISCHEN ROLLE

FALSTAF UND HAMLET VON SHAKESPEARE.

LEIPZIG,

BEY GEORG JOACHIM GÖSCHEN, 1797.

VORREDE.

Ich berühre die Entstehung der nachfolgenden Fragmente, über die Schauspielkunst, weil sie meinen Begriff von derselben, und die Absicht dieser Aufsätze am besten darlegen wird.

Es schien mir nöthig, den leichtsinnigen Wahn mancher Schauspieler zu bekämpfen, die aus Bequemlichkeit glauben, daſs die Schaubühne eine Welt im kleinen sey, — und daſs das Kleid den Mann mache: die daher ihrem Beruf keine weitere Sorgfalt schenken, als daſs sie die Worte der Rolle ihrem Gedächtnisse einprägen, und ihren Anzug geschmackvoll und richtig zu kostumiren suchen; im übrigen aber dem magischen Standpunkte, auf welchem sie stehen, den ganzen Erfolg ihrer Darstellung überlassen.

Diese Art Handwerker erwägen nicht, daſs es etwas ganz anders sey, die Stelle einer Person würdig auszufüllen, als solche auf geradewohl bloſs einzunehmen; ja sie vergessen so gar, daſs auch auf der groſsen Schaubühne der Welt, nur der an seinem Platz stehet, dem die Stimme der Andern diesen Platz zuerkennen würde.

Die Empfänglichkeit womit der Zuschauer vor die kleine Marionettenwelt des Theaters tritt, bahnt der von ihr herabkommenden Täuschung allerdings den Weg; allein der Schauspieler muſs seiner Seits die Gewalt dieses Zaubers erst gelten machen, und den innern und äuſsern Sinn der Zuschauer, durch eine kunstvolle Darstellung, zu ergreifen, zu fesseln, und auf eine zweckmäsige Art zu leiten suchen.

Da die Schauspieler, wie gesagt, so geneigt sind, sich ihre Kunst recht leicht zu machen; so bin ich darauf ausgegangen, sie ihnen recht schwer darzustellen. Ich habe den Schauspieler, zu dem Ende, zu isoliren gesucht, das heiſst, ich habe ihn zu einem vom Dichter getrennten Kunstwerke, mithin zu einem durch sich selbst bestehenden Wesen gemacht, und ihm die Bequemlichkeiten, welche er sich aus der dramatischen Dichtung zur Stütze und zum Rückenhalt zueignen möchte, hinweg genommen.

Eine allgemeine Bemerkung über dramatische Komposizionen, wird meine erhöhten Ansprüche an die mimische Kunst am deutlichsten bestimmen.

Ich möchte dafs die Schauspieler ihr Studium vorzüglicher auf die Art Tragödien verwenden möchten, welche bisher mit schönerer Wirkung gelesen als aufgeführt wurden; ich meine die, worin statt der äussern oder körperlichen Akzion, die innere oder psychologische vorwaltet — ohne welche jene keine ist, — wie in Göthes Tasso und Ifigenie. Dadurch würde sich ihr Spiel verfeinern, veredeln, und erheben; und dann würden sie mit einem glücklicheren Erfolg, die andere

Gattung Trauerspiele behandeln lernen, welche durch eine rohe theatralische Verkörperung nicht minder verlohr: ich verstehe darunter die, worin der Zuschauer von dem stürmischen Gang grausvoller blutiger Scenen, betäubt und unwillkührlich fortgerissen wird; wie im Lear, Makbeth, u. s. w.

Die Schauspieler sind freylich geneigt, sich mehr an die letztere Form tragischer Komposizionen zu halten, als an jene; weil das Gewaltsame der Dichtung, der Ohnmacht ihrer Kunst einiger Maſsen dabey zu statten kömmt; allein wie verdienstlos ist nicht der zweydeutige Triumf einer solchen Wirkung!

Vom wahren Schauspieler, der das Grofse aller Art dramatischer Dichtungen, mit sich zur vollendenden Kunst empor hebt, kann hier die Rede nicht seyn; aber zur Bildung manches theatralischen Talentes möchte ich alle Behelfe von der Bühne verbannen, welche der Dichter dem Schauspieler zur Vernachläfsigung seiner Kunst unbewufster Weise darbietet.

So würden, zum Beyspiel, die Sterbebetten hinter die Kulissen geschoben, wenn man nicht gar, auf den Dolch der mimischen Melpomene die Innschrift der Siener Schwerter schreiben wollte: *ne occidas!* Die Mimik müſste bey einem theatralischen Tode die Pussiergriffel weglegen, und dem weicheren Pinsel der Fantasie den letzten tragischen Zug übertragen. — Und eine Todtenglocke wäre dann Zehnmahl mehr auf der Bühne werth, als zehn Katafalke. Wir sollten, diesem Wunsche gemäſs, recht viele Stücke besitzen, wo die meiste Wirkung allein auf dem Spieler beruht; wo die richtigsten Situazionen durch einen Blick, durch einen Geist, durch ein Schweigen herausgehoben werden; und wo der mimische Künstler die Worte gleichsam entrathen, und mehr auf seinen eigenen Füſsen stehen lernte. Dann würde der oft einsylbige Dialog in unsern neuen Schauspielen, der dem Zuschauer so angenehm ist, auch dem Schauspieler zureichend und willkommen seyn. Denn ein für die Darstellung bestimmtes Stück, hat nur so viel Worte nöthig, als die zusammengestellte körperliche Akzion zu Exponenten bedarf — alles übrige sind Anforderungen an die Kunst des Schauspielers.

Diese Aufsätze sind bloſs Skizzen zu dem Plane eines vollständigeren Gebäudes, und ich wünsche, daſs man sie dafür aufnehmen, und unter dieser Rücksicht beurtheilen möge. — Das Urtheil der Kunstverständigen, wird mich belehren ob ich mich an ein solches Gebäude einst wagen dürfe?

GRUNDLINIEN

ZU EINER

THEORIE DER SCHAUSPIELKUNST

I.

Ich muſs vor allem die Schwierigkeiten berühren, welche dem Unternehmen eine Theorie der Schauspielkunst zu schreiben im Wege stehen, weil die Entwickelung derselben dem beschränkten Gesichtspunkte dieser theoretischen Versuche zur Entschuldigung dient.

Es ist schwer eine Kunst in ein System zu fassen, auf welche Konvenzion des Geschmacks, und individuelle Behandlungsart des Künstlers einen so wesentlichen Einfluſs haben; die in ihrer Ausübung zu transitorisch ist, um überall so bestimmt zu seyn, daſs keine momentane Willkühr dabey statt finden sollte; und deren feinste Gesetze oft nur dem leisen Takt' eines inneren Sinnes offenbar werden können.

Das Genie des Künstlers ist ein mystisches Gewebe von Dämmerung und Licht. Er vereinigt Gefühl, Einbildungskraft, Verstand und Talente, und mit diesen Fähigkeiten ausgerüstet strebt er seinem Ziel entgegen, ohne die einzelnen Schritte die ihn dazu leiten, immer deutlich vor Augen zu haben.

Diese Beschuldigung, wenn ich es so nennen darf, trift mehr oder minder einen jeden Künstler. Der Musiker, auch als Komponist betrachtet, geht in seiner Kunst mit der meisten Dunkelheit zu

Werke: weil er durch die unbestimmte Sprache der Töne, auf unser Gehör wirkt, und dem Traume unsrer Gefühle mehr durch *Annäherung* zu schmeicheln, als diese Gefühle zu determiniren sucht.

Die Malerey hat den helleren Sinn des Auges zum Gegenstande, und bedarf daher mehr Klarheit von Seiten des Künstlers.

Mit noch mehr Deutlichkeit, Überlegung und Bewufstseyn übt der Bildhauer seine Kunst aus: weil die Produkte derselben am meisten die Natur *selbst* erreichen, und aufser dem Auge, auch unsern plastischen Sinn befriedigen sollen.

Was den Schauspieler anlangt, so erfordert die Ausübung *seiner* Kunst die meiste Beurtheilungskraft, und ich gebe ihm, in dieser Rücksicht, den Rang vor den übrigen Künstlern.

Er wirkt wie der Musiker, auch auf das Ohr; allein auf einem bestimmteren

Wege: weil er durch Worte an dasselbe spricht. — Er malt für das Auge; aber seine Gemälde sind belebte, abwechselnde, fortschreitende Handlungen. — Er ist ein bildender Künstler im eigentlichen Sinne; jedoch bedient er sich keiner fremden aufser ihm liegenden Mittel zu seinen Darstellungen, sondern er selbst ist zugleich der Künstler und das Produkt der Kunst.

Was den gemeinschaftlichen Zauber aller Künste, nemlich die Täuschung anlangt, so schöpft der Schauspieler um solche hervor zu bringen, aus tieferen Quellen als die andern Künstler, weil seine Täuschungen mehr auf psychologischen Gesetzen beruhen, als auf fysischen; da die übrigen Künste hingegen, sich mehr der letztern bedienen, und durch sinnlichere Mittel jenen Zauber zu erreichen suchen.

Zur Berichtigung dieses Satzes muſs ich jedoch hinzufügen, daſs man die Mitwirkung der dramatischen Dichtung hierbey nicht verkennen darf; denn der Schauspieler, als solcher, hat freylich nur fysische Geräthschaft zur Täuschung, und das psychologische handhabt der Dichter; der zwar jenem den Gegenstand aber nicht den mimischen Werth der theatralischen Darstellung bestimmt.

Meisterhafte Beispiele und sorgfältige Übungen sind unstreitig lehrreicher und nützlicher für den Schauspieler als Systeme und Normen; und die Anlagen, welche ihn zum Künstler stempeln, kann er nur aus den Händen der Natur empfangen.

Alle diese Betrachtungen bestimmen mich meine theoretischen Versuche vorzüglich auf den Theil seines Studiums zu beschränken, welcher minder die Ausbildung, jener talentartigen Eigenschaften, als die Berichtigung seiner Einsichten über den Zweck seiner Kunst zum Gegenstande hat.

Ich glaube die Definizion der Schauspielkunst hier vorausschicken zu müssen.

Die Schauspielkunst ist die Anwendung geistiger und körperlicher Kräfte vermittelst welcher der Schauspieler eine dramatische Dichtung durch seine Person versinnlicht und belebt; um selbige, durch Pantomime und Sprache, zu einer theatralischen Darstellung zu machen.

Der Dichter (worunter ich immer den dramatischen verstehe) leitet den Schauspieler; allein das letzte Ziel, welches die dramatische Dichtung beabsichtiget, wird in so fern durch die Kunst des Schauspielers erreicht, als diese jenen Dichtungen ein deutlicheres Interesse und zugleich einen sinnlichen Grad der Wirkung beylegt.

Der Schauspieler gehört zu der Klasse der bildenden Künstler, in sofern seine Person, bey der Versinnlichung dramatischer Dichtungen, zu einem Kunstwerke wird, und er sich selbst, nach der Anleitung des Dichters, dazu auszubilden sucht.

Der Schauspieler ist bey diesem Bestreben mehr als ein bloſser Nachahmer: weil er selbst erst der Schöpfer des Vorbildes wird, welches seine mimische Darstellung leiten soll.

In wie fern er diese Schöpfung mit dem Dichter theilen könne, setzt eine nähere Bestimmung der Verhältnisse zwischen dem Schauspieler und Schauspieldichter voraus, welche ich hier einschalte.

Beyde stehen genau genommen, bloſs in einer entfernten Seitenverwandtschaft.

Der Dichter vollendet allein, ohne Beystand des Spielers, sein Kunstwerk, die Fantasie des Lesers macht alle Rollen darin so rein und so vollständig, wie die schwierigern des Heldengedichtes und des längern Romans.

Die theatralische Verwandlung der Bilder des Dichters in Statuen, ist dem dramatischen Kunstwerke nicht unentbehrlicher, als die Liedermelodie einem Gedicht, oder der Kupferstich einer Romanszene. Der Schauspieler ist, ein vom Schauspiele des Dichters ganz verschiedenes abgesondertes Kunstwerk. Seine von der Schönheitslinie, der Tanzkunst und bildenden Kunst umschriebene Mimik, entlehnet ihren Werth eben so wenig vom dargestellten Gegenstande — nehmlich vom dichterischen Kunstwerk — als die Schilderey eines Historienmalers den ihrigen, von irgend einem Historiker borgt: ihre Darstellung behielte den Glanz, wenn auch der Gegenstand derselben ein schlechtes Kunstwerk, oder eine prosaische Szene aus dem wirklichen Leben wäre.

Das mimische Kunstwerk, und das dramatische, formen sich nach ganz verschiedenen Gesetzen; ihre Vereinigung würde, wenn sie bestimmt werden sollte, ein eigenes drittes Gesetzbuch erfordern.

Bisher sind überhaupt nur für die Alleinherrschaft einer Kunst, nicht für die vermischte Regierungsform von zweyen, zum Beyspiel von der Ton - und Dichtkunst, Gränzen und Regeln gegeben worden.

Der dramatische Dichter, als Dichter, kennt so wenig Schranken der Zeit, des Raums, und überhaupt der wirklichen Welt, als der epische; die Befestigung des Interesse, wozu die Fantasie des Lesers, so willig und geschäftig mitwirkt, verleiht dem Interesse selbst eine Einheit, welche die mangelnde des Ortes und der Zeit bedeckt und vergütet. Die deutlichsten Belege zur Bestätigung dieses Satzes, lassen sich aus Shakespears dramatischen Dichtungen herbeyführen.

Was man indeſs der Fantasie des Lesers anmuthen kann, stöhrt oft die bereitwillige Mitwirkung der Fantasie des Zuschauers; jene verträgt Ugolinos Hungerthurm, Kents ausgeleerte rothe Augenhöhle, vollgeblutete Tücher, abgehauene Hände, Schlachtfelder, und manche schaudervolle Szene dieser Art. Aber das Auge versöhnet sich mit dem grellen Anblick einer solchen Wirklichkeit nicht. — Wie schon Gorgonen und Miſsgestalten nicht aus dem Reiche der Malerey in das Gebiete der Bildhauerkunst auswandern dürfen: so dürfen sich noch viel weniger gewisse tragische Kolosse, aus der unermeſslichen Geisterwelt der epischen Kunst in das enge hölzerne Rund der Bühne drängen; da der Unterschied des Umfangs zwischen dem epischen und mimischen Reiche gröſser ist, als der zwischen dem malerischen und plastischen. Ja, die Malerey kann sich erlauben, was sich die Mimik untersagen muſs. Auffallende körperliche Verzerrungen, lange Gegenwart eines Leichnams, werden auf der Bühne, entweder lächerlich oder schmerzhaft: denn entweder die Illusion wird vollendet — und dann tritt die Wirklichkeit mit ihren Schmerzen ein — oder sie wird vertilgt — und dann quälet uns der Streit komischer Anwandlungen und ernsthafter Wünsche. Die Verkörperung des Theaters hebt alle Verletzungen der Einheit des Orts, und der Zeit stärker heraus; die Statuengruppierung hält alles peinliche dem wir enteilen möchten, mit einer schmerzlichen Versteinerung fest: sie vergröſsert und verhärtet alle Wunden und Thränen, und beschwert überhaupt die ätherischen Gestalten des Dichters mit einem massiveren Gehalte sinnlicher Wirklichkeit.

Das Resultat dieser Bemerkungen besteht also in folgenden: der Dichter giebt den Umriſs des Gemäldes, und der Schauspieler theilt durch seine Darstellung dem Zuschauer alles dasjenige mit, was die Fantasie des Lesers gern und auf eine ihr wohlgefällige Weise darein gelegt haben würde. — Ich kehre nun zu den Gesichtspunkten unter welchen das Studium einer Rolle anzustellen ist, zurück.

Gewöhnlich hat der Schauspieler bey seinen Darstellungen, Pantomime, und Sprache zugleich in Anwendung zu bringen, um eine dramatische Dichtung durch seine Person zu versinnlichen und zu beleben. Allein es ereignet sich zuweilen daſs er bloſs das letztere mittelst der Sprache thut: dieſs geschieht nehmlich, wenn die dramatische Dichtung mehr rednerischer als mimischer Art ist. —

Ich muſs hier im Vorübergehen bemerken, daſs die bloſs schicklichen und zu keinem malerischen Zwecke gewählten Geste, deren sich der Schauspieler als Redner bedient, unter dem Worte Pantomime hier nicht verstanden werden müssen.

In dem erwähnten Falle wo die Kunst des Schauspielers vorzüglicher und entschiedener an das Ohr der Zuschauer gerichtet ist, hat er dem Auge derselben kein versinnlichendes Kunstwerk mittelst seiner Person darzustellen; er hört so lange auf ein bildender Künstler zu seyn, und nähert sich dem bloſsen Redner.

Auch hierzu empfängt der Schauspieler die Anleitung des Dichters, und zwar auf eine bestimmtere, deutlichere, und vollständigere Weise, als in dem öfteren und gewöhnlicheren Falle, wo er die Pantomime zur Sprache gesellt, und auf das

Ohr und Auge der Zuschauer zugleich zu wirken trachtet.

Ich darf dabey nicht unbemerkt lassen, dafs jede theatralische Versinnlichung, auf das feinste zergliedert, sich überall mimisch äufsert; indem es auch eine Mimik für das Ohr giebt, und die Verstärkung oder Verminderung des Tones der Stimme dem Ausdrucke des Begehrens oder Verabscheuens — welches Grundprincipium alles Gesten- und Mienenspiels ich in der Folge umständlicher berühren werde, — auf eine analoge Weise zur Seite tritt.

Diese, so eben bemerkte Verschiedenheit der Verhältnisse, unter welchen der Schauspieler von dem Dichter, mehr oder minder, deutlicher oder dunkler, zusammenhängender oder unvollständiger, bey der Versinnlichung und Belebung einer dramatischen Dichtung geleitet wird, führt mich auf einige Begriffe und

Sätze, die ich als Analogieen aus der bildenden Kunst hier einschalte; um die nähere Entwickelung jener Verhältnisse (welche der wesentlichste Gegenstand meiner Bemerkungen seyn wird) desto besser dadurch vorzubereiten.

Bey der Betrachtung eines Kunstwerks, bemerkt und unterscheidet man vorzüglich den Stil und die Manier desselben. Man unterscheidet beyde, nicht um sie zu trennen, sondern um sie, in ihrer genauesten zweckmäſsigen Vereinigung zu einem Ganzen, als ein Ganzes zu empfinden und zu bewundern.

Das Auge des Fysiognomikers thut — jedoch mit minderer Zuversicht, und nach schwankenderen Anzeigen — ohngefähr dasselbe, wenn es aus dem Äuſsern das Innere des Menschen ergründen und sich anschaulich machen will.

Der Stil besteht, in Rücksicht auf ein Kunstwerk, in dem Bestreben des

Künstlers, seine geistige Intenzion welche er bey einer bildlichen Schöpfung beabsichtigt, durch das eigenthümlichste Gepräge der Intenzion selbst, und ohne Beyhülfe eines analogen Mittels, versinnlicht darzustellen.

Unter dem Worte Manier, versteht man die Versinnlichung jener geistigen Intenzion, in so fern dazu entferntere, und bloſs analoge Mittel angewendet werden.

Ich glaube noch deutlicher zu seyn, wenn ich erläuterungsweise hinzufüge: daſs wir in der Natur nichts anders gewahr werden, als Stil; und daſs der Bildhauer, unter allen Künstlern, hierin der Natur am nächsten tritt.

Um einer Miſsdeutung zuvor zu kommen, bemerke ich: daſs dieses Gleichniſs, die Schöpfungen der Natur den Bildungen des Künstlers nicht gleich stellen, und in Ansehung ihrer Zwecke mit einander vermengen soll; denn die Natur hat mit der geistigen Intenzion des Künstlers nichts gemein; ob gleich beyde sich durch eine schaffende bildende Thätigkeit äufsern.

Ich möchte die Manier einen blofsen Behelf der Kunst nennen: Sie verhält sich zum Stil, wie der Schein einer Sache zur Sache selbst; sie hat als ein blofses Zeichen der Realität, keinen eigenthümlichen Karakter in Rücksicht auf das Kunstwerk selbst; sie erscheint darin als ein dem Stil untergeordnetes Mittel; und wenn man der Manier einen Karakter zugestehen will, so ist es blofs der, welchen die Individualität des Künstlers, auf eine unwillkührliche Weise, in die Ausführung eines Kunstwerks überträgt.

Wahrheit und Natur werden einem Kunstwerke durch den Stil beygelegt, die

Manier verleiht demselben das Wahrscheinliche, das Täuschende.

Täuschend ist ein Kunstwerk: wenn die geistige Intenzion welche der Künstler dabey vor Augen hatte, mit der versinnlichenden Ausführung so genau, so lebendig, so übereinstimmend, und so wohlgefällig vereinigt ist; daſs die Verwechselung von Schein und Wahrheit, von Möglichkeit und Wirklichkeit (so oft solche bey dieser Versinnlichung auch durch Manier zu Wege gebracht werden muſs) sich in der Ausführung nie als ein bloſses Mittel äuſsert, und als ein solches, auf eine getrennte Weise, nirgends fühlbar hervortritt.

Die Nachahmung der Natur ist bloſs ein untergeordneter Zweck der Kunst; der Künstler ergreift und sammlet das ohne Kunstwerk in der Wirklichkeit befindliche, hier und da zerstreute Analoge; um die geistige Intenzion, die in ihm zu einem bildlichen Gedanken geworden ist, darnach zu versinnlichen und als ein der Natur überall ähnliches Ganzes darzustellen.

Da in der Natur alles Stil ist, so wird sie auch, als Nachahmung in der Kunst, am nächsten durch den Stil erreicht.

Der Künstler muſs jedoch, stets von einer geistigen Intenzion bey seinen Bildungen ausgehen. Bloſse Nachahmung irgend einer Wirklichkeit aus der Natur, erzeugt kein Kunstwerk.

Eben so wenig gebührt dieser Nahme einem solchen Produkt, an dem die ursprüngliche geistige Intenzion, sich nirgends als Stil äuſsert, sondern bey der Ausführung, in bloſse Manier aufgelöſst, verlohren gegangen ist.

Dieser Satz ist so wahr, daſs ein Portraitmaler, den sein Beruf an einen bestimmten Gegenstand aus der Natur fesselt, nur dann erst ein Künstler genennet werden kann: wenn er nicht bloſs die Auſsenseite des nachzubildenden Gegenstandes, als Form mit dem Auge richtig auffaſst; sondern wenn er, durch einen innern Sinn geleitet, auch das karakteristische dieses Gegenstandes ergründet, und das reinste, entscheidendste und wohlgefälligste davon, in seiner Schilderung zu einer geistigen Intenzion werden läſst; um dadurch auch die für ihn so sehr beschränkte Nachahmung der Natur zu einem Kunstwerke zu erheben.

II.

Ich will diese Sätze auf die Kunst des Schauspielers anzuwenden suchen.

Was bey der bildenden Kunst die geistige Intenzion des Künstlers war, ist in Bezug auf dramatische Dichtungen, das Interesse welches der Dichter einer solchen Komposizion als Wirkung beylegt. Eine jede auf dem Theater darzustellende Person hat einen bestimmten Stil, den ich den Geist oder den Karakter einer Rolle nennen will; was als Manier in die Darstellung derselben zuweilen übergehen darf, bezieht sich bloſs auf das Analoge welches die Individualität des Schauspielers, zu einem dem Stile jederzeit angemessenen ob wohl etwas willkührlichen Gebrauche darbietet.

Die Ursache der Wirkung liegt in dem Interesse, und der Grad des Interesse bestimmt den Grad der Wirkung; da beyde einem dichterischen Zweck' entsprechen sollen, so müssen sie auch auf einem dichterischen, das heifst idealischen Weg' erlangt werden: Denn das Bestreben der Kunst hat die Erhöhung und Vervollkommnerung der Wirklichkeit zum Gegenstande, sie reihet die Analogieen derselben in eine schönere ausgewähltere Harmonie zusammen; und eine ist darum so mächtig in ihren Eindrücken auf unsere Empfindung, weil sie durch jene Vereinigungen, mannigfaltige Eindrücke von verschiedenen Individuen, auf Einen Punkt, und zu Einem Zwecke herbey zu führen weifs.

Der Schauspieler mufs den Geist oder Karakter seiner Rolle (die mit der ganzen dramatischen Komposizion stets in Verbindung steht) richtig auffassen; um den

Stil seiner Darstellung darnach zu bilden, und den Einfluſs seiner Individualität bloſs als ein analoges Mittel der Manier, dabey in Anwendung zu bringen, so oft nehmlich der Geist der Rolle ihm die Versinnlichungen durch den Stil nicht unbedingt auferlegt.

Er muſs zu dem Ende den Zweck des Dichters in Rücksicht des Interesse und der Wirkung, nebst dem Wege auf welchem der Dichter diesem Zweck zu erreichen sucht, nicht allein bey dem Studium einer Rolle deutlich vor Augen haben, sondern diesen Zweck auch seiner Seits, bey der Versinnlichung der Rolle mit einem an Selbsttäuschung gränzenden lebhaften Bestreben ununterbrochen verfolgen.

Der Schauspieler bedient sich der dramatischen Dichtung um die Darstellung einer Rolle darnach zu berichtigen; allein er muſs dabey auch die Natur zu Rathe ziehen; um die Anleitung, welche er in Ansehung des Stils am unvollständigsten von dem Dichter empfängt, daraus zu ergänzen.

Unvollständig nenne ich diese Anleitung, weil die Schilderungen des Dichters überhaupt, nur Beschreibungen, und keine bildlich-anschaulichen Versinnlichungen sind; und durch Worte, mithin durch ein entferntes, bloſs analoges Mittel, als Zeichen der Realität, in Manier gehüllt mitgetheilt werden: und hierin liegt vorzüglich der Grund, warum der Schauspieler das Vorbild, welches ihn leiten soll, aus zerstreuten Anlagen erst aufsammlen, und zu einem Ganzen vereinigt, sich erst geistig-anschaulich machen muſs.

In Ansehung des Stils, der einfach und bestimmter ist, kommt die Individualität des Schauspielers mit der Individualität des Dichters in keine Kollision:

allein in Ansehung der Manier, bedarf es einer grofsen Verleugnung der Individualität von Seiten des Schauspielers, wenn er sich hierin mit dem Dichter identificiren, und das hypothetischere der Manier, aus dessen Schilderung deutlich ergründen, und in seine Darstellung übertragen will.

In der richtigen Beurtheilung was als Stil in einer Rolle behandelt werden müsse, und wie selten nur die Manier zur Versinnlichung derselben hinzu treten dürfe; liegt das feinste und schwerste des Studiums der Schauspielkunst.

Bey der Darstellung der Rolle selbst muſs der Schauspieler, auſser der Anleitung, die ihm der Dichter über die Behandlungsart der Ausführung ertheilt, auch die Natur vor Augen haben: denn der Dichter, als Dichter, giebt dem Schauspieler nichts weiter als den — Stoff; die Form des Kunstwerks überläſst er dem Künstler. Dieſs Studium der Natur, dessen ich vorbin schon erwähnte, beschränkt sich bey ihm auf die Natur des Menschen und zwar auf die individuelle Karakteristik der Person, die in der Rolle, welche er versinnlichen soll, geschildert wird.

Die Natur nach einem einzelnen Individuum in einer Rolle nachahmen, hieſse eine Kopie durch eine andere Kopie darstellen.

Der Schauspieler muſs sich mannigfaltige Modelle und Normen, aus der Beobachtung vieler Individuen abstrahirt haben, aus welchen er dasjenige Model zur Norm wählt, welches der Persönlichkeit seiner Rolle, in Ansehung ihrer Klassificazion, und ihrer Lage am nächsten kommt. Wenn er einen Helden, einen Staatsmann, einen Hauſsvater, einen Gecken, einen Geitzigen, einen Heuchler, u. s. w. darstellen will, so muſs er aus der Klasse dieser Menschenarten, eine, deren eigenthümlichste Karakteristik umfassende scharf bezeichnende Form im Sinne haben, welche das Ideal seiner geistigen Intenzion wird; die er als Künstler einer jeden Versinnlichung zum Grunde zu legen hat.

In Ansehung der Situazionen, unter welchen er auf der Schaubühne handelt, wird er bestimmter durch den Dichter geleitet, und je mehr die Situazion der Rolle ihn in einen leidenschaftlichen Zustand versetzt; je näher muſs er sich an die Anleitung des Dichters halten. Denn er würde ganz passende Modele dazu vergebens in der Natur aufsuchen, und was sie als Aehnlichkeiten ihm vielleicht darbieten könnte, bedarf in der modivicirten theatralischen Äuſserung eben so wohl einer artistischen Behandlung, als die Darstellung des Karakters auſser jenen Situazionen. — Die durch Kunstsinn abstrahirten, und zu einem abgemessenen Kunstzweck angewendeten allgemeinen Formen, legen der Darstellung des Schauspielers dasjenige bey, was man die Veredelung der Natur zu nennen pflegt; es findet dieselbe, unter jeder Äusserung eines Karakters, im natürlichen und leidenschaftlichen Zustande Statt; und bedarf im letztern Falle, einer um so sorgfältigeren Aufmerksamkeit.

Da diese Veredelung der Natur als ein Bedingniſs der Kunst vorausgesetzt und erfordert wird, so ergiebt sich daraus von selbst, warum die zufällige Übereinstimmung des Karakters einer Rolle mit dem Karakter des Schauspielers, nicht hinreichend ist, eine vollkommene Darstellung hervor zu bringen.

Damit der Schauspieler dem richtigen Bedingnisse der Kunst — die Natur zu veredeln — eine Gnüge leiste, und damit jene abstrahirten allgemeinen Formen das hohe reine und vollendete Gepräge erlangen mögen, welches sie zu Idealen seiner Kunst macht; ist es nöthig dafs er von den Eigenthümlichkeiten der menschlichen Natur überhaupt, einen deutlichen vollständigen umfassenden Begriff habe. Ich will diesen Begriff die Grundlage der Menschheit nennen.

Es besteht dieselbe darin: dafs der Mensch den angebohrnen Drang in sich hat, seine Kräfte mit Bewufstseyn anzuwenden und zu vereinigen. Dieser Drang ist sein Führer und Verführer; er leitet und mifsleitet ihn: je nachdem die Vorstellungen der prüfenden Vernunft, der schwankende, schwächere Wille, und die Gewalt eines gegenwärtigen sinnlichen Reizes (welche durch Gewohnheit und Magie der Einbildungskraft und des Gefühls verstärkt wird) die Oberhand in ihm haben. Daher entsteht das unablässige Bestreben in dem Menschen diese mannigfaltigen Widersprüche zu ordnen, zu heben, oder auf irgend eine Weise bey Seite zu schaffen; und man kann sagen daſs er in einem immerwährenden Kampfe mit sich selbst begriffen sey. Der dramatische Dichter stellt diesen Kampf auf die Bühne, er belebt dadurch die karakteristischen durch mannigfaltige Situazionen motifierten Schilderungen die den Bau seiner Komposizionen ausmachen, und bildet selbige zu einem Konterfey von dem groſsen Drama der Welt aus, wo der Mensch, so wie auf der Bühne, diesen Kampf jeden Augenblick aufnimmt, eben so oft wieder fallen läſst, und noch öfter demselben auszuweichen sucht.

Ich will mich, um ein Beyspiel zu geben, auf die dramatisch bearbeiteten Karakter, des Mahomet, Cäsar, Atreus, Egist u. s. w. beziehen, die durch blendende Scheingründe sofistischer Täuschung diesem Kampfe zu entgehen suchen. Was die komischen Komposizionen anlangt, so wählt der Dichter den schwächlicheren Menschen dazu, der mit einem groben lügenhaften Selbstbetrug bey diesem Kampfe zu Werke geht, und im Taumel sinnlicher Zerstreuungen, jene inneren Widersprüche weder bemerken, noch heben will; wodurch, wie ich bey der Analyse einer komischen Rolle umständlicher berühren werde, der lächerliche Kontrast dargeboten wird, zwischen dem was der Mensch scheinen möchte und was er ist.

Der Schauspieler, welcher die Schilderungen des Dichters beleben und versinnlichen soll, muſs von den Eigenthümlichkeiten der menschlichen Natur überhaupt, welche ich die Grundlage der Menschheit nannte, einen deutlichen bestimmten Begriff haben; damit er die Veredlung der Natur die ihm, als Künstler, unter allerley Rücksichten auf Karakter, Stand, Situazionen, u. s. w. übertragen ist, auf dem nächsten wahren Wege suche, und seine Nachbildungen nicht in willkührliche Larven ohne Interesse ausarten lasse.

Das goldene Gesetz der Nothwendigkeit kann dem Schauspieler bey seinen Versinnlichungen nicht genug empfohlen werden: er lege in sein Spiel alles was nothwendig ist; aber nie mehr als nothwendig ist!

III.

Sprache und Pantomime sind die Mittel deren sich der Schauspieler bedient, um eine dramatische Dichtung zu einer theatralischen Darstellung zu machen.

Der Gebrauch seines Sprach-Organs äuſsert sich dabey als Artikulazion und als Accentuazion.

Die Artikulazion bezieht sich auf die Aussprache einzelner Silben und Worte, die Accentuazion auf den Ausdruck ganzer Frasen und Reden. — Ich glaube die Declamazion von der Accentuazion absondern zu müssen: die erstere ist zwar ein erhöhter Grad von Accentuazion; allein die bestimmtere Anwendung des Sprachorgans zum metrischen Wohlklange eines versificirten Schauspiels macht den eigenthümlichen Karakter der Declamazion im eigentlichen Sinne aus. — Ich beschränke mich durchgehends auf die von jener Rücksicht befreyte Accentuazion. Es besteht dieselbe in dem, nach einem gewissen Kunstsinne abgemessenen Gebrauch der Stimme, zum Ausdruck einer jedesmaligen Gemüthsverfassung. Man kann diesem Gebrauche drey Haupteintheilungen beylegen: Erstens, in so fern solcher auf dem Laute der Stimme (*son de voix*) beruht; Zweytens, in so fern er den Ton der Stimme (*Ton de voix*) angeht; und drittens: in so fern die Zeitgröſse der Aussprache dabey in Anschlag kommt. Die Nüancen von Stärke und Schwäche der Stimme, werden durch den Laut derselben, und die Modulazionen von Höhe und Tiefe, durch den Ton der Stimme zu Wege gebracht.

Richtig artikuliren heifst, nicht allein die einzelnen Worte und Silben rein und deutlich aussprechen, sondern ihnen auch, in allen den Fällen, wo der Sinn derselben durch ein abgemessenes Gewicht der Aussprache bestimmt wird, den diesen Sinn bezeichnenden Werth beylegen.

So liegt zum Beyspiel, bey dem Worte damit, das Gewicht der Aussprache bald auf der ersten, bald auf der letzten Silbe: damit sagt man, wenn dieses Wort als ein Synonym von dem Worte dadurch gebraucht wird; damit spricht man es aus, wenn es so viel als aufdafs heifsen soll. Zum Beyspiele: Damit ist nichts gethan. — Damit es geschehe u. s. w.

Oft entscheidet der Sinn zweyer neben einander gestellter Worte deren Artikulazion: Mit mir sagt man, wenn die ganze Rede auf das Wort mir, ein besonderes

Vertrauen legt; sollte aber das Gegentheil als ein Nachsatz folgen, so fällt das Gewicht auf das Wort mit; und man spricht, statt mit mir, mit mir, zum Beyspiele: Kommt mit mir! — Wer nicht mit mir ist der ist wider mich u. s. w.

Der Schauspieler mufs sich einer vorzüglich deutlichen Artikulazion befleifsigen, wo die Vernachlässigung derselben, einen Doppelsinn veranlassen könnte, als bey den Worten: stellen, stehlen, stählen, Beute und Beyde, liegen und lügen u. s. w.

Die Artikulazion ist für den Schauspieler was die Berichtigung der Scala für den Musiker ist. — Weit mehr macht ihm die Accentuazion seiner Rede in allen ihren so mannigfaltigen Nüancen zu schaffen!

Die Nüancen und Gradazionen der Accentuazion der Rede, sind für den Schauspieler, was bey dem Maler die

Haltung in einem Gemälde ist. Der letztere bedient sich dazu der Local-Farben, in Verbindung mit Schatten und Licht; bey dem Schauspieler ist die Accentuazion einer Rede den Local-Farben des Malers zu vergleichen, und die Wirkung von Schatten und Licht in einem Gemälde wird auf der Schaubühne durch eine zweckmäſsig steigende Gradazion der Accentuazion zu Wege gebracht.

Man kann die Grenzen der verschiedenen Grade von Accentuazion im allgemeinen nicht bestimmen: weil das mehr oder minder, welches diese Grenzen bezeichnet, an sich selbst schon ein relativer Begriff ist, und noch überdieſs durch den Karakter der Rolle, in einem jedem einzelnen Falle, auf eine subjective Weise determinirt wird.

Die vermehrte Accentuazion, welche den leidenschaftlichen Zustand eines, seiner Natur nach, ruhigen Karakters sattsam ausdrückt, nimmt in Rücksicht auf einen heftigen gewaltsamen Karakter, noch manche Nüance von Verstärkung an; und was bey jenem, der äuſserste Grad war, würde bey diesem nur für eine lebhafte Accentuazion gelten.

Um die mannigfaltigen Gradazionen der Accentuazion nach Möglichkeit in sich selbst zu bestimmen, so bemerke ich folgendes. Die bloſs lebhafte Accentuazion bezieht sich mehr auf die Nüancen der Stärke oder Schwäche, und die leidenschaftliche mehr auf die Grade der Höhe oder Tiefe des Tones der Stimme. — Bey beyden kann durch ein geschwinderes oder langsameres Sprechen, noch eine besondere Gradazion zu wege gebracht werden.

Ich bemerke ferner: daſs bey der leidenschaftlichen Accentuazion, stets eine verhältniſsmäſsige Verstärkung und Erhöhhung des Tones der Stimme zugleich angewendet werden müsse; und daſs bey der bloſs lebhaften Accentuazion, die Gradazion der Kraft der Stimme allein, ohne merkbare Intervalle von Höhe und Tiefe des Tones, zu der dabey intendirten Wirkung hinreichend seyn könne.

Der Schauspieler muſs seiner Rede stets einen schicklichen Werth beylegen: sie ist also eine ununterbrochene Accentuazion, die sich in mannigfaltigen Nüancen äuſsert; und von dem leisen Grade der Konversazion bis zum höchsten Ausdruck eines leidenschaftlichen Zustandes empor steigt.

Der richtige Gebrauch des Sprachorgans vollendet alle diese Nüancen durch eine jeder Rede angemessene Behandlung, welche ich den Vortrag des Schauspielers nennen will. Es besteht derselbe in mannigfaltigen Accentuazionen der einzelnen Worte, und Frasen, welche eine Rede bilden, und bald hervorstehender bald nachlässiger, bald gebundener, bald abgestofsener, bald bedächtiger, bald zufälliger behandelt werden müssen; und wodurch vorzüglich der Hauptbegriff von den Nebenbegriffen getrennt, und seinem Werthe nach herausgehoben wird.

Wenn ich über den richtigen Gebrauch des Sprachorgans, in Ansehung der Accentuazion mit allen ihren Gradazionen, einige allgemeine Regeln geben soll; so wären es folgende. Der Schauspieler muſs erwägen, in wie fern seine Rede auf ihn selbst, oder auf die Person an die sie gerichtet ist, einen Bezug hat; und in welchem Grad' er selbst dabey interessirt ist, oder ein Anderer dadurch interessirt werden soll.

Wenn die Rede des Schauspielers bloſs ein historisches Interesse hat; so ist ein geringer Grad von Accentuazion hinreichend, um eine Erzählnng dieser Art auf eine schickliche Weise zu beleben.

Würde sich aber zu dem historischen Interesse der Rede, die Absicht gesellen, daſs die Affekte und Leidenschaften eines andern dadurch erregt werden sollen; so muſs der Schauspieler einen verstärkten Grad von Accentuazion dabey anwenden, und alle einzelne Stellen, auf welche diese Wirkung berechnet ist, noch besonders heraus zu heben suchen.

Wenn die Rede des Schauspielers seine eigenen Gefühle und Leidenschaften, jedoch als bloſse Reminiscenzen schildert, so ist auch dazu eine verstärktere Accentuazion hinreichend, die nach der Wahrscheinlichkeit, in wie fern diese Reminiscenzen ihm mehr oder minder lebhaft gegenwärtig seyn können, in Gradazion gesetzt werden muſs.

Die ganze Kraft der Accentuazion äuſsert sich bloſs in den Fällen, wo der Schauspieler seinen eigenen Leidenschaftlichen Zustand, in dem Augenblicke da er von demselben ganz bemeistert wird, ausdrücken soll. Und nun auch hier ein Maſs der Gradazion anzugeben, so hat die höchste Kraft der Accentuazion nur dann Statt: wenn dieser Ausdruck des eigenen leidenschaftlichen Zustandes im lebendigsten Gefühl desselben mit der Absicht vereinigt ist, eine andere Person dadurch in ein ähnliches Mitgefühl zu versetzen. Als eine allgemeine Bemerkung füge ich noch folgendes hinzu. So oft eine erhöhte Accentuazion angewendet wird, um einen leidenschaftlichen Zustand zu schildern, oder aufzuregen; so oft wird dabey der Ton der Stimme vorzüglich in Anwendung gebracht. So oft es aber mehr auf Mittheilung deutlicher Begriffe ankömmt; so oft beruht das meiste auf dem Laute der Stimme. Der Ton ist also; wenn ich mich so ausdrücken darf, das Organ des Gefühls, und der Laut das Organ des Verstandes.

Die seltene Gelegenheit, eine Rede durch die höchsten Grade der Accentuazion zu nüanciren, darf den Schauspieler nicht besorgt machen, dafs er durch Monotomie den Zweck seiner Kunst verfehle. Er findet in der Abwechselung von Stärke und Schwäche der Kraft der Stimme, und in der Gradazion durch ein langsameres oder geschwinderes Sprechen, mannigfaltige Mittel, um den Dialog einer Rolle unterhaltend, und dem damit verbundenen Interesse angemessen zu machen.

Die Sprache der Schaubühne unterscheidet sich zwar von der Sprache im gemeinen Leben, durch eine bestimmtere Artikulazion, und durch eine, den Sinn der Worte schärfer bezeichnende Accentuazion; allein sie darf dennoch die Grenzen des natürlichen, anständigen, und wohlgefälligen, nicht überschreiten; und die Wirkung welche durch Höhe und Tiefe des Tones der Stimme in merkbaren Intervallen, bey den kräftigsten Schattirungen der leidenschaftlichen Accentuazion hervorgebracht wird, beschränkt sich auf die vorhin berührten wenigen Fälle, wo die Sprache des Schauspielers gewissermaßen dem Vortrage eines Recitativs in Affektvollen Stellen zu vergleichen wäre; den große Sänger mit einer gewissen musikalischen Freyheit behandeln, und der theatralischen Declamazion dadurch näher zu bringen suchen. Der Schauspieler wird in Ansehung seines Sprachorgans, ganz deutlich, bestimmt, und vollständig von dem Dichter geleitet, denn er empfängt die zu einer belebten Rede umzuschaffenden Worte, unmittelbar aus der Dichtung desselben.

Diese Anleitung des Dichters ist jedoch als eine allgemeine und als eine bestimmtere zu betrachten. Im ersten Falle bezieht sie sich in Rücksicht der

Stärke und Schwäche, der Zeitgröſse, und der Höhe und Tiefe des Tones, auf den Theil der Ausführung einer Rolle, welcher in Ansehung des mehr oder minder zuweilen als Manier behandelt werden darf: weil der Gebrauch des Sprachorgans hierbey in täuschenden Mitteln bestehen kann, und die Wirkung dieser gleichsam musikalischen Behandlung des allgemeinen Ausdrucks der Rede, durch analoge Modificazionen von Licht und Schatten, zu Wege gebracht wird. So wie man zum Beyspiel den Hauptsinn eines theatralischen Gesprächs aus diesem allgemeinen Ausdrucke abnehmen würde, wenn auch die Sprache der Rede selbst, uns unbekannt und unverständlich wäre. Die an den wörtlichen Sinn des Dialogs geheftete Behandlung wodurch der Karakter und die Situazion ausführlicher und bestimmter von dem Dichter geschildert wird, gehört, in so fern die Worte vorzüglich einer mimischen Versinnlichung fähig sind, zu dem Stile der Darstellung, und jene Nüancen von Erhöhung und Verstärkung des Tones, werden mit dem expliçirteren Vortrage des wörtlichen Sinnes einer Rolle, in der versinnlichenden Ausführung derselben, verbunden; hierdurch erst erlangt eine theatralische Darstellung in Rücksicht des Sprachorgans ihre ganze Vollendung. — Ich komme nun auf das zweyte Mittel, welches der Schauspieler anwendet, um eine dramatische Dichtung, durch die wirkliche bildlich-anschauliche Versinnlichung derselben zu einer theatralischen Darstellung zu machen. Dieſs Mittel welches an das Auge der Zuschauer gerichtet ist, nennt man die Pantomime.

IV.

Ich bezeichne durch das Wort Pantomime, die körperliche Beredsamkeit des Schauspielers überhaupt.

Sie äuſsert sich durch das Spiel der Geste und der Mienen: ersteres bezieht sich mehr auf die Stellungen und Bewegungen des ganzen Körpers und lezteres mehr auf den Ausdruck des Gesichts.

Das Spiel der Geste und Mienen ist in allen den Fällen auf das genaueste und zweckmäſsigste mit einander verbunden, wo der allgemeine pantomimische Ausdruck zu einem ganz entschiedenen malerischen Zweck angewendet wird.

Hierüber entscheidet die dramatische Dichtung: in so fern sie nemlich mimisch - bildliche Schilderungen dem

Schauspieler zur Versinnlichung darbietet. Blofs poetisch-bildliche Schilderungen, welche der Dichter zu andern Zwecken in eine Rede einwebt, und welche weder die Individualität noch die Situazion der handelnden Person anschaulich machen sollen; dürfen sich daher zu jenem Grade des pantomimischen Ausdruckes nie erheben.

Man könnte zwar von der Komposizion einer dramatischen Dichtung erfordern, dafs sie ihrem Hauptinnhalte nach, durch blofse Pantomime dargestellt, ein fafsliches vollständiges Gemälde abgeben müsse; da aber die Ausführung durch Worte ihr erst den Karakter einer für die Schauspielkunst bestimmten theatralischen Vorstellung verleiht, so mufs man dem Dichter einen gewissen Aufwand von Hülfsmitteln gestatten, welche ihn von der ursprünglichen Intenzion blofs mimisch-bildliche Schilderungen dabey anzuwenden, dann und wann entfernen, und in Vorbereitungen, Gleichnissen, Verzierungen u. s. w. umher schweifen machen; ohne daſs er die Individualität oder Situazion einer handelnden Person eben dadurch unmittelbar zu bezeichnen gedenkt.

Wenn der Schauspieler diese Art Schilderungen durch eine malerische Pantomime unterstützen und in allen Details versinnlichen wolte; so würde er solche über ihren Zweck erheben, und die Kraft der körperlichen Beredsamkeit, welche bloſs auf mimisch - bildliche Schilderungen aufgespart werden muſs, schwächen.

In eben dem Grade wie der Schauspieler sich, im Sprechen, dem bloſsen Redner nähert; vermindert sich der malerische Ausdruck seiner Pantomime, und oft sind einige nur wenig abgewechselte Geste, ohne ein bezeichnendes Mienenspiel, schon hinreichend eine lange

Tirade dieser Art, auf eine schickliche wohlgefällige Weise zu beleben. Da ich den Schauspieler als einen bildenden Künstler betrachte, so kann von dieser willkührlicheren, und zu keinem malerisch-mimischen Zweck bestimmten Behandlung der Geste und Mienen, hier nie die Rede seyn.

Die Pantomime im eigentlichen Verstande, ist der äufserliche körperliche Ausdruck der inneren geistigen Regungen. Der Schauspieler wird dabey von einem fysiognomischen Kunstsinne zwar geleitet; allein seine pantomimische Darstellung braucht darum nicht fysiognomisch wahr zu seyn, obwohl sie pathognomisch wahr seyn mufs. Was er auf der Schaubühne mimisch schildert, schwebt zu rasch vorüber, als dafs eine strenge pyschologische Analyse, nach welcher die Fysiognomik das

Äufsere mit dem Innern vergleichen würde, je dabey angestellt werden kann.

Wollte man von der Darstellung des Schauspielers eine vollkommene fysiognomische Wahrheit fordern, wie sehr beschränkt würde das Rollen-Fach eines einzelnen Individuums seyn!

Ungerechnet daſs es ein Bedingniſs der Kunst ist, die Natur durch Annäherung darzustellen, nie aber die Nachbildung derselben nach dem kunstlosen grellen Kontur der Wirklichkeit abzuformen.

Was die Malerey an karakteristischen Hauptzügen auf das Gesicht des Schauspielers übertragen kann, wird für hinreichend angesehen, auffallende Disharmonien zwischen den permanenten Gesichtszügen des Schauspielers, und der Fysiognomie der darzustellenden Person, wo solche der Illusion zu nachtheilig seyn würden, vergessen zu machen.

Man hat in Ansehung der Pantomime, in so fern solche vorzüglich auf dem Spiele der Gesten beruht, ein allgemeines vereinfachtes Principium angenommen, nach welchem der äufsere körperliche Ausdruck, als Schilderung einer inneren geistigen Regung, in letzterer für hinlänglich motivirt geachtet wird. Diefs Principium ist tief und richtig aus der Natur abstrahirt, und besteht in folgendem:

Alle innere Regungen in ihren mannigfaltigen Nüancen sind als Gradazionen des Begehrens oder Verabscheuens in Ansehung des mimischen Ausdrucks zu betrachten, und die zur Schilderung derselben anzuwendende körperliche Beredsamkeit, mufs im ersteren Falle etwas entgegen - strebendes, annäherndes; und im letztern Falle das Gegentheil davon, durch ein zurückweichendes abgewendetes Spiel bezeichnen. — Umarmung ist der höchste Grad des Ausdrucks vom

Begehren, und Flucht mit Schauder der höchste Ausdruck vom Verabscheuen.

Die Begierde sich mit einem anziehenden Gegenstande zu vereinigen, oder einem zurückstoſsenden gefürchteten Gegenstande zu entweichen, wird sich immer in dem obern Theile des Körpers und dessen Gesten zuerst äuſsern, ehe die Füſse hinzueilen, oder in dem entgegen gesetzten Falle zurück schreiten. Daſs bey dem mimischen Gemälde des Begehrens oder Verabscheuens der Grad dieser Regungen, die Situazion, und auch der Karakter der Rolle in Anschlag kommen müsse, bedarf der Bemerkung kaum.

Die Arme, welche sich am leichtesten und zu gleicher Zeit mit einander bewegen lassen, bezeichnen jede Art lebhafter Begierden am deutlichsten und raschesten, und ihr Entgegenstreben oder Zurückwerfen (welches zuweilen auch eine angezogene Verkürzung derselben seyn kann) ladet den Zuschauer zuerst ein, auf das übrige dahin analoge Gesten- und Mienenspiel seine Aufmerksamkeit zu richten.

Die Füſse, welche sich auf eine schickliche Weise bloſs wechselnd, vorwärts oder rückwärts bewegen können, begleiten das Spiel der Arme, indem sie bald rascher, bald gemäſsigter (den obern Körper unterstützend) entweder straffer ausgreifen, oder in einer verkürzenden Stellung zurück weichen. Alle Regungen der Seele, welche die inneren Kräfte gleichsam nach auſsen drängen, malen sich auch in allen Theilen der Muskeln; und so wird das vorhin aufgestellte Principium: daſs das Begehren sich durch Annäherung, und das Verabscheuen durch Zurückweichen, von dem anziehenden oder abstoſsenden Gegenstande äuſsere, auch als mimischen Ausdruck der innern Regungen auf allen Theilen des Gesichts, sich bestätigt finden.

Die feineren Verhältnisse und Modificazionen vom Ausdrucke der Empfindungen, welche auf eine psychologische Weise eine fysiognomische Wahrheit begründen und darstellen würden, liegen außer den Grenzen der Schauspielkunst.

Es muß jedoch der pantomimische Ausdruck des Mienen- und Muskelspiels, sich als Zeichen der inneren geistigen Regung, der fysiognomischen Wahrheit so viel es immer möglich ist nähern; und es liegt dem Schauspieler ob, seine Individualität so weit zu bemeistern und zu verläugnen, daß aus derselben durchaus nichts hervorscheine was dieser mimischen Bezeichnung, als Kunstwerk, widerspräche.

In diesem Sinne sind die vorhandenen theoretischen Belehrungen über die körperliche Beredtsamkeit des Schauspielers in Anwendung zu bringen, und ich darf mich hierbey kürzer fassen; da Engels Mimik — eine an scharfsinnigen Bemerkungen reichhaltiges und mit großer Belesenheit ausgearbeitetes Werk — sich in den Händen eines jeden studirenden Künstlers befindet.

Das Spiel der Geste ist am geschicktesten die Regungen des Begehrens oder Verabscheuens, auf eine ganz deutliche vollständige Weise mimisch auszubilden, und als Stil zu versinnlichen. Das Mienenspiel (bey welchem die Sprache der Augen so sehr in Anschlag kommt) äußert sich in dem Gemälde jener Regungen, als ein entfernteres aber immer analoges Mittel.

Die Gradazionen des pantomimischen Ausdrucks werden durch die Nüancen der Accentuazion der Rede bestimmt. Man kann indeß den Gebrauch der Pantomime unter folgende Gesichtspunkte stellen, welche ihre Gradazionen im allgemeinen bezeichnen: die Pantomime dient entweder zur blofsen Ankündigung eines Karakters aufser irgend einem leidenschaftlichen Verhältnisse; oder sie wird zur Begleitung einer mimisch zu versinnlichenden Rede angewendet; oder sie folgt einer solchen Rede nach. Im ersten Falle ist sie gemäfsigt, und mit einer gewissen Ruhe verbunden; im zweyten Falle entscheidet der Grad des Affektes, die Situazion, und die Intenzion der dramatischen Dichtung die Kraft des pantomimischen Ausdruckes, und im dritten Falle ist sie gleichsam der Nachhall der Rede; sie verfolgt das Gemälde, durch unbestimmte Umrisse in einer weiteren Entfernung. Ich brauche kaum hinzuzufügen, dafs das Karakteristische der Rolle die erste Basis aller dieser Gradazionen seyn müsse. —

Eine hieher gehörende Bemerkung darf ich jedoch nicht übergehen: die Pantomime ist freyer, bestimmter, und entschiedener, wenn sie die natürlichen Äusserungen eines Karakters begleitet — und in diesem Falle durchgängig als Stil zu behandeln. So oft aber die Äufserungen eines Karakters, durch zwangvolle Situazionen, zu unwillkührlichen Modificazionen einer in dem Karakter selbst nicht begründeten Äufserung werden; so darf in den pantomimischen Ausdruck derselben, ein, diesen Situazionen angemessenes, zwangvolles unsicheres Bestreben übergehen; welches bey mimischen Gemälden dieser Art, alsdann mehr als Manier hervortritt, und wobey das Analoge aus der Individualität des Schauspielers, dem Detail der Ausführung hie und da zu statten kommen kann. —

Unter den Worten Karrikatur und Grimasse, deren ich mich bey der nachfolgenden Analyse einer komischen Rolle werde bedienen müssen, versteht man den bis zum Übertriebenen erhöhten Werth des pantomimischen Ausdruckes. Die Karrikatur bezieht sich mehr auf die Geste, und die Grimasse mehr auf das Mienenspiel.

Die Anstrengung welche der Schauspieler anwendet, um den Ausdruck der Pantomime auf eine übertriebene Weise zu erhöhen, hat gewöhnlich die Absicht: das Unwahrscheinliche einer mimisch zu versinnlichenden komischen Dichtung, durch einen übermäſsigen Aufwand von Ernst, auffallend lächerlich zu machen.

Wenn dieſs Übermaas einer ernsthaften Behandlung in dem Karakter der Rolle begründet ist, so gehört der Ausdruck davon zu dem Stil derselben; wird aber dieser übertriebene Ernst in der Darstellung des Unwahrscheinlichen und Lächerlichen, durch relative Absichten in zwangvollen Situazionen veranlaſst, so kann der Schauspieler manches Detail der Ausführung, willkührlicher, und als Manier behandeln.

Die komische Pantomime kettet sich so wie die ernsthafte an den Sinn der mimisch zu versinnlichenden Dichtung; sie erhöht und vermindert sich, nach den Graden der Accentuazion der Rede. Ein richtiger komischer Takt wird den Schauspieler über die Wahl der Nüancen am sichersten leiten, und ein verfeinerter Geschmack ihm die Grenzen des Wohlgefälligen und Schicklichen, beobachten lehren; welche bey komischen Darstellungen für Gesetze des Wahren, Natürlichen, und wirklich Empfundenen gelten.

Ich füge noch einige Bemerkungen über das Lust- und Trauerspiel, und über die Kenntnisse welche sich der Schauspieler vorbereitungsweise erwerben muſs, hier bey und gehe dann auf die Analyse einiger Shakespearischen Rollen über. — Ich werde mich bemühen, die hier vorausgeschickten theoretischen Sätze dabey deutlicher zu entwickeln, und manche vielleicht zu allgemein gefaſste Behauptung, in der Anwendung auf bestimmte Fälle der Wahrheit näher zu bringen.

V.

Das Lustspiel hat vorzüglicher das Interesse unserer Fantasie, und das Trauerspiel vorzüglicher das Interesse unserer Gefühle zum Gegenstand. Der Schauspieler darf sich, so wie der Dichter, in dem Verhältnisse zu der komischen Muse, mehr Freyheiten und Bequemlichkeiten erlauben, als bey dem ernsthafteren Berufe der tragischen Muse.

Er wandelt mit jener, in der Ausübung seiner Kunst, auf einem breiteren Pfade, wo Laune, Scherz, Humor, Witz, und allerley karakteristische Eigenheiten, ihm, in erweiterten Schranken, ein offeneres Feld darbieten; da er an der Seite der tragischen Muse hingegen, ein bestimmteres Ziel, in abgemesseneren Schritten zu verfolgen genöthiget wird.

Der magische Spiegel, in dessen reinem Abglanze die ernsthafte dramatische Dichtkunst die Gegenstände, welche er versinnlichen soll, auffaſst, wird in der Hand der verschwisterten Muse, zu einem vielfarbigen täuschenden Prisma, dessen vielseitiger Zauber ihm manche Willkührlichkeit in der Ausübung seiner Kunst gestattet.

Der Unterschied zwischen Lust- und Trauerspiel wird dadurch noch gröſser, daſs jenes geringere Ansprüche auf Täuschung macht als dieses; die Täuschung des Herzens aber schlieſst jede Willkühr aus — und daher ist vorzüglich das Spiel tragischer Rollen schwerer als das Spiel komischer Rollen. Ungerechnet, daſs bey letzteren die, ihre Wirkung nie verfehlenden, komischen Kontraste der Situazion dem Schauspieler gar sehr zu Statten kommen

Ich wollte behaupten, daſs alle Künste, ihrem *ersten* Ursprunge nach, ihr Glück mehr durch *sinnliche* Reitze, als durch das Interesse aufgeregter *Gefühle* gemacht haben. Die Tonkunst begleitete gewiſs früher den fröhlichen Tanz und schwärmende Bachanale; als sie bey Hymnen und Todtenopfern feyerlich ertönte — und die bildende Kunst würde, auch ohne dem Bedürfnisse des Kultus die Hand zu bieten, zu ihren Schöpfungen eher die gefällige Formen der Götter und Helden gewählt haben, als sie einen Laokoon darzustellen unternahm.

Eben so hat auch die dramatische Kunst *ursprünglich* erst dahin gestrebt, durch *ergötzende* Szenen den Zuschauer zu belustigen; ehe sie sich seines Herzens durch *tragische* Darstellungen zu bemeistern suchte. Es ist dieſs um so wahrscheinlicher, da sogar die ältesten *Trauerspiele* welche aus der Vorzeit auf uns gekommen sind, ganz unläugbar bloſs den Zweck an den Tag legen, Erstaunen zu erwecken und die Fantasie der Zuschauer zu groſsen Thaten anzufeuern, ohne ihre Gemüther durch Theilnahme erweichen, und ihrem Auge Thränen des Mitleids entlocken zu wollen. Es ist auch nicht unbekannt daſs zuerst die Komödie, und dann auch das Trauerspiel der Griechen, seinen Ursprung den Lustbarkeiten der Ernte zu verdanken hat.

Die Darstellung des Trauerspiels ist, wie ich schon früher erwähnte, schwerer als die Darstellung des Lustspiels: weil ersteres, seinem Karakter nach, sich näher an Wahrheit hält; ein erhabeneres Interesse beabsichtiget; und eine diesem Zwecke angemessene Veredelung der Natur voraussetzt. Der Schauspieler muſs daher die Intenzion des Dichters am meisten durch den Stil seiner Darstellung zu erreichen, und in selbige überzutragen suchen.

Das Interesse, welches das Lustspiel verschaffen soll, ist auf einen sinnlicheren Reitz gegründet, und der entschiedene Hang der menschlichen Natur jeder Ergözlichkeit eine leicht geregte Fantasie darzubieten, kommt der dabey intendirten Wirkung schon auf halbem Wege zuvor.

Wenn hingegen in dem Trauerspiele, mitleidige, schmerzliche und schauderhafte Gefühle dem Zuschauer wohlgefällig und empfänglich werden sollen; so muſs das Bestreben der tragischen Kunst, durch ein hohes, bestimmtes, unterhaltendes und ansteigendes Interesse den Kontrast mit jenem natürlicheren Hange zum Vergnügen vollständig aus dem Wege räumen. Der Schauspieler vernichtet diesen Kontrast, wenn er seiner Darstellung so viel Interesse und eine so hohe Kraft der Wirkung beylegt, dafs der Zuschauer weder Zeit noch Willkühr hat, sich der Fesseln theilnehmender Empfindungen entledigen zu wollen.

Der Schauspieler darf jedoch das Interesse, welches er seiner Darstellung beyzulegen sucht, nie so vollkommen theilen, dafs die Täuschung welche er bewircken soll, auf ihn selbst ganz überginge: denn in diesem Falle würde seine Darstellung zu einer ohne Kunstzweck determinirten Äufserung eines wirklichen Affektes werden, der das Bedingnifs einer veredelten Natur, und einer vorzüglich durch Stil zu einem Kunstwerke ausgebildeten theatralischen Versinnlichung gebrechen könnte.

Die individuelle Empfindungskraft des Schauspielers kann jedoch diesen Satz noch mehr erweitern. Es gab grofse Künstler die sich der selbst - verwandelnden Macht ihres Gefühls bey leidenschaftlichen Stellen überliefsen. Ich nenne als Beispiele die *Dumenil*, und unsern Eckhof. — Garrick und Schröder hingegen beherrschen sich selbst, um überall und immer Meister ihrer Kunst zu seyn; und suchten dadurch auch das idealische der Situazion um so sicherer aufrecht zu erhalten.

VI.

Ich komme auf die Anlagen welche den Kunstberuf des Schauspielers bestimmen, und auf die Ausbildung derselben.

Wem die Natur einen regelmäſsigen Körperbau — ein angenehmes sonores zum Ausdruck des Kräftigen und Innigen gleich fähiges Sprachorgan — und eine bedeutende Gesichtsbildung, die sprechende Züge zu einem freyen leicht beweglichen Mienenspiele darbietet, verliehen hat; wozu sich eine lebhafte Fantasie — ein leises Gefühl — eine treffende Urtheilskraft (welche zusammen den sichern Takt des Geschmacks bilden) — und ein glückliches Gedächtniſs vereinigen; der ist mit allen geistigen und körperlichen Gaben ausgestattet, um ein groſser Schauspieler zu werden.

Ich bin weit entfernt die seltene Vereinigung aller dieser Anlagen die den Künstlerberuf des Schauspielers so entschieden bezeichnen, durchaus erfordern und voraussetzen zu wollen; ich glaube vielmehr daſs auch ein minder glücklich begabtes Talent, durch eine sorgsame Ausbildung, die Laufbahn des Theaters mit dem rühmlichsten Erfolg betreten könne.

Die Ausbildung welche die körperlichen Anlagen des Schauspielers zum Gegenstande hat, besteht gröſstentheils in Vorübungen die unmittelbar in seine Kunst übergehen. Die Ausbildung seiner geistigen Anlagen hingegen, beruht mehr auf vorbereitenden Kentnissen welche ihm dabey bloſs mittelbar zu statten kommen.

Zu den erwähnten Vorübungen gehört vorzüglich die Tanzkunst, weil sie dem Körper Geschmeidigkeit, Gewandtheit und Grazie überhaupt verleiht — ferner die Pantomime, oder die Tanzkunst im höheren Sinn, welche die Regungen des Gemüths durch Bewegungen, Geberden, Stellungen und ſysiognomische Formen schildert — und endlich geselle ich zu diesen Vorübungen annoch die dem Studium des Gesanges sich nähernde Kultur des Sprachorgans, welche darin besteht: die Stimme (nach dem ihr angemessenen Umfange und Vermögen) zu Höhe und Tiefe, zu Stärke und Schwäche, auszubilden, und derselben den mannigfaltigen Gebrauch jeder Nüance recht geläufig zu machen.

Als vorbereitende Kentnisse, zur Ausbildung der geistigen Anlagen des Schauspielers bemerke ich folgende: Erstens eine grammatikalische Einsicht in seine Muttersprache; um solche rein und nach dem besten Dialekt zu sprechen.

Ferner, einige Belesenheit in der Geschichte und Mythologie, damit ihm in seiner Rolle nichts dunkel bleibe, und er sich mit dem Dichter in entfernte Zeiten und Sitten versetzen könne.

Sehr wichtig ist für den Schauspieler ein psychologisches Studium der Fysiognomik; damit er dem Ausdruck der Affekte und Leidenschaften ein richtiges Gepräge und ihrem Ursprung und Gange nach, die gehörige Gradazion zu verleihen wisse.

Nicht minder wird er die Werke der Kunst (wär es auch nur in irgend einer überlieferten Versinnlichung davon) mit Nutzen studiren; weil seine der bildenden Kunst, überhaupt so nahe verwandt ist, und weil ihm zur schicklichen wohlgefälligen Anordnung theatralischer Gruppen nichts besser leiten kann als das öftere Beschauen aller Art von Kunstbildungen. Ein Studium dieser Art steht mit seinem Künstlerberuf in einer noch genauern Verbindung, ich meine das öftere aufmerksame Betrachten der vorhandenen Kupferstiche, welche grofse Schauspieler in bedeutenden Szenen und Situazionen darstellen. Diese sinnlich-anschaulichen Belehrungen würden von einem noch gröfsern Nutzen für den studirenden Künstler seyn, wenn er bey Betrachtung dieser Bildnisse durch eben so scharfsinnige Zergliederungen geleitet würde, als der Verfasser der Entwickelung des Ifflandischen Spiels mehrere Rollen dieses vortrefflichen Schauspielers mit einem ächten filosofischen Kunstgefühl analysirt hat.

Ich will es versuchen diefs Studium durch ein Beyspiel zu erläutern, und die bekannten Kupferstiche, wo Garrick als König Richard der dritte zweymal abgebildet ist, neben einander halten und zergliedern. Beyde stellen einerley Karakter in ähnlichen Situazionen dar, nemlich das Zürnende schaudernde einer wilden Gemüthsart; allein ganz verschieden ist der mimische Ausdruck in dem erstern (wo die Geister der Gemordeten Richards Fantasie mit schwarzen Bildern schrecken, und er eben aus dem Traum' erwacht) von dem Gegenstück dazu, wo dieser fürchterliche Usurpator in dem Getümmel der Schlacht geschildert wird.

Wie nützlich ist es für den Schauspieler aus diesen Nachbildungen abzunehmen, auf was Art und Weise ein Künstler wie Garrick diesen Ausdruck behandelte und nüancirte. Man würde, auch ohne den Inhalt beyder Szenen zu wissen, aus dem ersten Kupferstich errathen daſs Richard hier bloſs ein gehässiges Fantom seiner Einbildungskraft bekämpft; da das Gegenstück hingegen (wenn auch das gezückte Schwert und die explicirenden Figuren im Hintergrunde wegfielen) Richards bestürmte Seele ganz sichtbar in einer Szene der Wirklichkeit malt. Die Geisterfurcht äufsert sich bey dem erwachten König durch eine unwillkührliche zwecklose Anstrengung aller Theile des Körpers; die aufgeregte Fantasie welche vor fremdartigen übernatürlichen Wesen erbebte, ruht noch auf der starren Verzerrung seiner Gesichtszüge, die linke Hand greift blofs mechanisch nach dem Schwert; da die ausgespannte rechte Hand und der angezogene Arm, weit sprechender das blofse Staunen und die unreelle Gefahr bezeichnen; so wie durch die auseinander geschobene schräge Stellung der Füfse auch nur ein dunkeler transitorischer Vorsatz der Flucht oder Gegenwehr angedeutet wird.

Bald nach dieser Szene thürmt sich das Ungewitter auf unter dessen Schlägen Richard erliegt, und auf diesen Moment hat Garrick die ganze Kraft des erhöhten Ausdrucks aufgespart. Die Nachbildung seiner Darstellung versetzt uns auf das Schlachtfeld, wo die im Traum empfangenen Weisagungen jener Unglück drohenden Schreckenbilder ihrer Erfüllung nahen. Der Ausgang der Schlacht wird immer zweifelhafter; Richard mag der empfangenen Warnung daſs er verrathen sey keinen Glauben beymessen; er hofft, wo nicht den Sieg, doch die Sättigung seiner Rache.

Ein Bothe bringt die Nachricht daſs das Heer welches ihm zu Hülfe eilen sollte abtrünnig geworden sey. Er eilt in das Gemetzel der Schlacht zurück; sein Pferd wird unter ihm getödtet; er flieht wie ein Rasender zu Fuſs, und bietet ganz England für ein Pferd. — Dieſs ist die Situazion unter welcher Garrick den König Richard hier darstellt. Der

Ausdruck des Zorns ist der Ingrimm eines Wüthenden; der Ausdruck des Schauders ist Verzweiflung. Alle Muskeln des Körpers sind gewaltsam angespannt, und das fürchterlich rollende Auge sucht das Opfer seiner Rache in jedem seiner Gegner auf — fünfe fielen schon, und doch verfehlte sein Arm den Todfeind Richmond den er vernichten will. Der Ausdruck des Zorns ruht vorzüglich auf den obern Theilen des Gesichts und am sprechendsten ist der gräſsliche Zug der Stirne — der Ausdruck des Schreckens ruht mehr auf den untern Theilen, und am sichtbarsten bezeichnet ihn die Unterlippe die abwärts fällt und bewegliche bebende Züge bildet. Die Füſse schreiten kräftig, jeder Arm hat eine zweckmäſsige Richtung, und das Ganze dieser mimischen Darstellung malt die nahe Gegenwart einer zu bekämpfenden wirklichen Gefahr; da das vorhin untersuchte Bildniſs hingegen blofs das starre wilde Anstaunen geträumter Fantomen versinnlichte.

Ich lasse diese Digression fallen, um mit wenigen noch ein Studium dem Schauspieler zu empfehlen, das ich für eine sehr wichtige Vorbereitung zur Ausübung seiner Kunst ansehe — ich meine die Kenntnifs von dem sogenannten Ton der Welt.

Der Ton der Welt ist nichts anders als eine Verfeinerung der menschlichen Natur zum Besten des gesellschaftlichen Lebens. Diese Verfeinerung geschieht nach konvenzionellen Begriffen, die sich alle dahin reduciren: dafs man, mit Aufopferung jeder egoistischen Anmassung die andern lästig seyn könnte, ein zwangloses Bestreben thätig werden lasse achtungsvolle Begegnungen, als einen wechselseitigen Tribut, mit gleicher Leichtigkeit zu erzeigen und zu empfangen. Das Gefühl des eignen Werthes, vereinigt mit der Anerkennung des fremden Werthes, erleichtert und verfeinert die gesellschaftlichen Verhältnisse, und scheucht das steife der Zurückhaltung, die Pedanterey der Komplimente, und alle egoistische Zudringlichkeiten hinweg.

Je mehr diese Verfeinerung auf einer wirklichen Veredelung der menschlichen Natur beruht; je leichter und sicherer wird ein innerer Takt der Wegweiser seyn um diesen guten Ton zu erlangen. Ich fordere von dem Schauspieler daſs diese lautere Quelle in ihm wohne und ihm diese gesellschaftliche Tugend erwerbe: weil die Veredelung der Natur seinem Künstlerberufe an sich schon obliegt, und ich ganz der Meynung beystimmen muſs welche Iffland in seinen lehrreichen Aufsätzen über Menschendarstellung äuſsert: „daſs nur ein edler Mann sein Spiel zu einer edlen Rolle empor heben könne." — Der rohe oder gar niedrige Mensch vermag dieſs nie, und wie sollte überhaupt dem sittenlosen Wüstling, Kraft und Geist zu Gebote stehen, um mit einem gelähmten Körper und einen verstimmten Gemüth den Kranz einer so edlen und so schweren Kunst zu erringen?

Analysen

zweyer Rollen von Shakespeare.

VII.

Das Studium einer Rolle besteht bey dem Schauspieler in der psychologischen Analyse eines, nach Anleitung der dichterischen Schilderung, darzustellenden theatralischen Karakters, und in der Auswahl der zur Versinnlichung desselben anzuwendenden Mittel.

Da jeder Karakter mit dem ganzen Bau' einer dramatischen Komposizion in Verbindung steht, und in seinen Äufserungen durch Verhältnisse determiuirt wird, so mufs, wie ich schon früher erwähnt habe, das Studium einer einzelnen Rolle auch im Verhältnifs zu den übrigen Rollen, unter jeder dadurch gegebenen Situazion angestellt werden.

Ich will, um mich in der Folge hierüber kürzer auszudrücken, die in der Individualität eines Karakters selbst begründeten Äusserungen die ursprünglichen, und die durch gegebene Verhältnisse veranlaßten Äusserungen die relativen Determinazionen nennen.

Ich wähle zum ersten Versuch einer solchen Analyse, eine komische Rolle, und zwar die des John Fallstaf.

Shakespeare hat diesen höchst theatralischen Karakter, in den beyden Schauspielen vom Leben und Tode König Heinrichs des vierten, unstreitig mit glücklicherem Humor, und einem fruchtbareren Genie bearbeitet, als in den lustigen Weibern von Windsor wo er diese schon bekannte Theaterfigur, auf Verlangen wiederhohlt aufstellte; ohne ihr jedoch das Interesse beylegen zu können, welches die mannigfaltigeren hervorstehenden Situazionen jener Schauspiele ihm zur Ausbildung des Fallstafischen Karakters in reicherm Maſse dargeboten hatten. Ich halte mich bey der gegenwärtigen Analyse an die frühere Schilderung desselben, in den benannten beyden Schauspielen.

Ich will von dem einfachsten und leichtesten ausgehen, und zuerst die körperliche Form, unter welcher Shakespeare den Fallstaf dargestellt wissen will, untersuchen und bestimmen. Die dramatische Dichtung belehret uns darüber selbst. Die Schilderungen seiner Figur, Geste und Attitüden, welche bald ihm selbst, bald seinen Gefährten in den Mund gelegt werden, bezeichnen Fallstafs äussere Gestalt in deutlichen Umrissen, und die darauf anspielenden häufigen Spöttereyen führen zur Vollendung dieses Gemäldes so viel Data herbey, daſs die

Einbildungskraft das fehlende leicht auffinden kann. Man erblickt in diesem Gemälde einen von Schwelgerey und Unthätigkeit aufgedunsenen, und zu einer dicken weichlichen Fettmasse angeschwollenen Körper; der sich in ruhigen Verhältnissen zwar mit träger Unbehülflichkeit bewegt; jedoch nicht so kraftlos ist, um nach seiner Art nicht auch gelenk und behend seyn zu können.

Zu dieser allgemein gezeichneten Form gesellt sich ein übermäfsiger herabfallender Bauch, der der Stütze eines Leibgurtes bedarf; kleine, von schlaffen Muskeln halb bedeckte Augen, welche eine sinnliche Lüsternheit zu gierigen Blicken belebt, hängende Backen, ein breites gespaltenes Kinn, eine verlebte Gesichts Farbe, eine stumpfe fleischichte Nase, ein grofser Mund mit breiten ausgebogenen Lippen, kurze Arme und Füfse, ein heiserer Ton der Stimme, eine schwere Zunge, und ein mühsames Athemhohlen.

Fallstafs Karakter entspricht dieser körperlichen Schilderung in jedem Zuge: Ein sanguinisch-flegmatisches Temperament, ist die Grundlage desselben.

Fallstaf wird von den immerwährenden Auregungen einer rohen Sinnlichkeit dergestalt bemeistert, daſs er die Sättigung derselben gleichsam für seinen Beruf hält. Das Lügen ist bey ihm eine instinktartige Fertigkeit geworden, der er sich bey jedem Anlaſs ungescheut überläſst; und die öftere Erfahrung auf den gröbsten Unwahrheiten ertappt, und dieſsfalls gemiſshandelt zu werden, hat ihm eine so dreiste Unverschämtheit verliehen, daſs er sich nicht einmahl die Mühe giebt, den Schein der Lüge von sich abzuwenden. Die Behaglichkeit seiner Natur, welche überall den Meister spielt, erlaubt ihm nie, seine Prahlereyen durch sinnreiche Erfindungen zu unterstützen, oder durch gewandte Ausreden gegen spöttische Zweifel aufrecht erhalten zu wollen. Fallstafs Vertheidigungen in dergleichen Fällen, sind daher eben so plump, unüberlegt und unwahrscheinlich, als seine fabelhaften Erzählungen selbst.

Der Schauspieler darf keine Rede dieser Art, wo Fallstaf seinem Hange zu lügen freyen Lauf läſst, durch eine scharfe Accentuazion herausheben. Ein dabey angewendeter erhöhter Werth des Ausdrucks würde den Fallstaf aus seinem Karakter versetzen, und zu einem absichtlichen schlauen Lügner machen, der durch Kunst declamatorischer Beredtsamkeit, andere täuschen und überreden wolle. Es ist hinreichend, wenn der Schauspieler dergleichen Rodomontaden nur so viel Lebendigkeit durch Pantomime und Sprache ertheilt, als der Zuschauer zu der Überzeugung bedarf, Fallstaf sey über den Innhalt seiner fabelhaften Erzählungen, selbst in einem momentanen Selbstbetruge, befangen.

Er kann sogar die auffallendsten Grofssprechereyen durch einen nachlässigen Ton der Rede nüanciren, und mittelst dieser ruhigen Zuversicht im Sprechen, denselben den Anstrich ganz bekannter, gewöhnlicher, und von Fallstaf nicht anders zu erwartender Thaten beylegen. — Alle diese Äufserungen gehören mit Einschlufs ihrer Nüancen zu den natürlichen Determinazionen seines Karakters, und müssen daher als Stil der Rolle behandelt werden.

Der Dichter hat in Fallstafs Karakter einen grofsen Grad von Leichtsinn gelegt, welcher sich theils auf seine ursprüngliche Abneigung zu reflectiren gründet, und ihn aus Flegma unbesonnen handeln macht; theils durch die gierige Sinnlichkeit seiner Natur erzeugt wird. Fallstaf ist zugleich dreist und feigherzig: der verwegenste Streich dünkt ihm ein willkommenes Abentheuer, und der Entschluſs der Ausführung ist so lange keine Prahlerey, als das Vorgefühl eines sinnlichen Genusses, in ihm auf eine lebhafte Weise die Oberhand hat. Er betrachtet die Aussicht, Geld oder Ruhm zu erlangen, nur in den Resultaten, die er zur Befriedigung seiner Lieblingsneigungen zu verwenden hoft. Diese momentanen Äuſserungen einer bloſs illusorischen Keckheit, sind in der Darstellung auch nur illusorisch zu behandeln, und da sie sich von der eigenthümlichen karakteristischen Wahrheit entfernen, so gehören sie mehr zu der Manier der Rolle. Weit tiefer ist hingegen die Zaghaftigkeit in Fallstafs Natur begründet, und so bald jene grobe Selbstverblendung von Muth, sich nur im mindesten schwächt (welches gewöhnlich bey den Anstalten zur Ausführung einer That zu geschehen pflegt) so erscheint Fallstaf in seinem wahren Lichte, nemlich als eine faule unbehülfliche Fleischmasse, in der kein Funke von Tapferkeit zu spüren ist. — Was sich daher auf die ihm angemessenere Poltronnerie bezieht, nimmt, in der Darstellung als Stil behandelt, das bestimmtere Gepräg einer ursprünglichen karakteristischen Determinazion an.

Shakespeare hat seinem Fallstaf eine gewisse körperliche Schwächlichkeit beygelegt; die der Schauspieler unter verschiedenen Rücksichten zu behandeln hat. Fallstafs Alter, seine kränklichen Anwandelungen, und die natürliche Unbehülflichkeit seines Körpers, haben in ihm die Gewohnheit erzeugt, diese Infirmitäten immer im Munde zu führen; um alle lästige Zumuthungen die seine Behaglichkeit stöhren könnten überhaupt von sich abzulehnen. Wenn diese Art

Klagen durch keine besondere momentane Absicht motivirt werden, so darf der Schauspieler sie nie zu dem Ausdruck einer wirklichen Empfindung erheben; er muſs vielmehr durch eine geringe Accentuazion der Sprache, und durch wenige Geste, diesen Klagen die Natürlichkeit einer bloſsen Gewohnheit beylegen. So bald aber Fallstaf sein körperliches Unvermögen zur Schuzwehr gegen eine ihm Gefahr drohende Aufforderung absichtlich anwendet; so ist eine andringendere Accentuazion, und eine belebtere Pantomime in dergleichen Fällen gar sehr am Platz: denn Fallstaf will alsdann rühren, und durch dergleichen Schilderungen die Gutmüthigkeit seiner Gefärten aufregen. — Wenn in der Behandlung dieser Art Stellen, in Fallstafs Rolle, etwas als Stil hervortreten soll; so kann es nur unter der erstern Rücksicht geschehen; in so fern nemlich eine lange Gewohnheit, durch Annäherung an das Natürliche, zu einer karakteristischen Wahrheit wird.

Wenn Fallstaf dann und wann zu einer Art von Selbsterkenntniſs zu gelangen scheint, so ist dieſs mehr Heucheley gegen sich selbst, als gegen andere — ohne daſs ein wirkliches Gefühl der Reue je dabey zum Grunde liegt. Der Vorsatz sich bessern zu wollen, ist ein bloſser flüchtiger Selbstbetrug. So bald daher dergleichen unwillkührliche Blicke in die Verderbniſs seines Wesens bey Fallstaf zu lebhaft werden, und in deutliche Reminiscenzen seiner Ruchlosigkeiten übergehen wollen; so bricht er den Gang dieser ihn beunruhigenden Fantasien durch einen Strom roher Reden und Bilder gewaltsam ab, und flüchten sich vor dem ernstlichen Gedanken der Besserung in den dicksten Nebel einer ungezähmten Sinnlichkeit. Höchst widerwärtig und ärgerlich ist es ihm, wenn ein Anderer seinem heuchlerischen Geschwäz einen consequénten Sinn beylegt, und ihm darüber beym Worte nehmen will. Ein Beyspiel dieser Art bietet die dritte Szene des dritten Akts im ersten Theile Heinrichs des Vierten dar, wo Fallstafs Diener Bardof sich veranlaſst glaubt, eine Strafpredigt an seinen Herrn einleiten zu dürfen. Bey der ersten Ahndung dieser Absicht, wendet sich Fallstafs aufgeregter Unmuth, in einer langen bilderreichen Persifflage, gegen diesen unberufenen Sittenrichter, und läſst ihn seit dem ersten Versuch seiner überlästigen Vermahnung nicht wieder zum Worte kommen.

Der Schauspieler darf dergleichen Anwandelungen von Selbsterkenntniſs in Fallstafs Munde, keinen besondern Werth der Accentuazion beylegen; denn er würde ihn dadurch zu einem reuigen Sünder machen, und den Sinn der Rolle verfehlen. Eine sörglose Gelassenheit im Sprechen, wird am besten bezeichnen dafs Fallstafs Vorsatz der Besserung ein Aufwand leerer Worte sey; und dafs er damit nicht einmal ein nachlässiges Bestreben, diesen Vorsatz je realisiren zu wollen, verbinde.

Fallstafs Karakter ist von dem Dichter mit der genauesten psychologischen Wahrheit geschildert, und ob er gleich ein seltsames Gemisch von Kontrasten in sich fafst; so hat er doch durchgehends das entschiedendste Gepräg' einer zwar seltenen und bisarren Natur, die jedoch individuel wahr, und denkbar ist, und höchst anschaulich dargestellt wird.

Das Verhältnifs, worein Fallstaf, als Gesellschafter eines jungen Prinzen gesezt ist (der aus Langeweile und Übermuth einer Lebensart nachhängt deren er sich selbst schämt, und einen Trupp roher

Gesellen um sich versammelt, die er im Grunde verachtet) dieſs legt ihm, in den ursprünglichen Äuſserungen seines Karakters manche zwangvolle Fesseln an, die Kontraste in seiner Natur zu seyn scheinen, aber bloſse Kontraste der Situazion mit seiner Natur sind.

Diese relativen Determinazionen erzeugen die momentane mürrische Unbehaglichkeit, welche sich in Fallstafs Wesen einschleicht, so oft er an das Miſsverhältniſs zwischen sich und dem Prinzen, in Ansehung der Geburt und Denkungsart, auf eine auffallende Weise erinnert wird. Diese Unbehaglichkeit wächst, je mehr Fallstafs Alter und Unbehülflichkeit mit des Prinzen Jugend in Kollision kommen, und sein flegmatisches Behagen durch des jungen Heinrichs Petulanz gestöhrt wird.

Am unleidlichsten wird ihm dieses Miſsverhältniſs, wenn er zur Unzeit den

Freund, den Vertrauten, oder gar den Hofmeister des Prinzen spielen will; und er sich bey dergleichen Anmassungen zu einem blofsen Lustigmacher durch plumpe Mifshandlungen erniedriget sieht. — So oft Fallstafs Karakter, unter solchen Veranlassungen, einen Anstrich von Laune, Verlegenheit, und mürrischen Mifsmuth bekömmt; so mufs der Schauspieler die Äufserungen davon, mehr als Manier, ganz leicht und transitorisch behandeln, und alles was zum Stil der Rolle gehört, desto sorgfältiger aufrecht erhalten: damit der Kontrast der Situazion, nicht die Gestalt einer karakteristischen ursprünglichen Äufserung in seiner Darstellung annehme. Der Schauspieler mufs überhaupt das unsichere in dem Verhältnisse zwischen Fallstaf und dem Prinzen überall durchscheinen lassen: denn der Grund, warum dieser muthwillige Königssohn sich mit Fallstafs pöbelhaften Natur vereinigt, liegt mehr in dem humoristischen brittischen Wohlgefallen an Volksszenen — wie etwa ein ernsthafter Mann eine Dorf-Komödie besucht — in dem jugendlichen Hange zu fessellosen Festen, und in der Neugier die Denkart seiner künftigen Unterthanen zu erforschen, als in einer wirklichen Anhänglichkeit an diesen possenhaften Schwelger.

Shakespeare hat in Fallstafs Karakter selbst, manche bisarre und kontradiktorisch scheinende Eigenheiten verwebt, um diese Schöpfung seiner reichen vielseitigen Fantasie, nicht allein als einen desto interessanteren Gegenstand auf die Schaubühne zu stellen, sondern ihr auch das wesentliche Bedingnifs der Kunst beyzulegen, welche von jeder Art Komposizion, eine derselben angemessene Veredelung der Natur erfordert.

Man ist zwar gewohnt das Wort Veredelung, mehr in Bezug auf ernsthafte, und an sich schon über das Gemeine erhabene Gegenstände, anzuwenden; allein das Komische welches aus einer niedrigen Natur zur Nachbildung gewählt wird, muſs, so wie jene zu einem höheren Kunstzwecke bestimmten Gegenstände, ebenfalls in einer geistigen Intenzion aufgefaſst, und zu einem poetischen Interesse erhoben werden.

Shakespeare hat Fallstafs Karakter nach diesem Gesetze ausgebildet. Er konnte und durfte bey dieser Komposizion kein Ideal einer edlen Natur beabsichtigen; allein die genaue Vereinigung der individuellen Eigenheiten, wo jede die andere motivirt und entschuldigt, macht die bisarresten Äuſserungen dieses an sich unedlen Karakters, nicht allein nie widerwärtig, sondern sogar einer wohlgefälligen Einwirkung fähig. Man sieht daſs

Fallstaf gerade so handelt, wie er seiner Natur gemäſs handeln muſs. Der Dichter hat Fallstafs Individualität so scharf und richtig gezeichnet, daſs bey seinen Handlungen durchaus keine Willkühr Statt findet. Er hat ihm mit gutem Vorbedacht ein gewisses Alter, und etwas verlebtes beygelegt; damit die dumpfe Befangenheit und der Taumel sinnlicher Empfänglichkeit in seinem Wesen, dem Zuschauer als Schwäche, und als eine unbezwingliche Gewohnheit an ihm erscheinen möge, und die Vermuthung einer willkührlichen Schlechtigkeit vermieden werde. Das Vergnügen, welches Fallstafs bilderreiche Sprache, seine treffenden Anspielungen, sein leichter und kecker Humor, und der ihm eigene natürliche Witz, dem Zuschauer verschaft; lenkt alle Nachforschungen über dessen moralische Unvollkommenheiten ab, und das Interesse seiner unterhaltenden

Darstellung, macht uns auf das Mifsverhältnifs in dem wir mit ihm stehen, so wenig aufmerksam, dafs wir sehr geneigt sind, Fallstafs erniedrigendes Schicksal, welches die Laufbahn dieses komischen Helden endigt, mit Bedauern zu vernehmen.

Ich füge zum Beschlufs dieser Analyse noch einige allgemeine Bemerkungen über die bey Fallstafs Rolle anzuwendende Pantomime bey.

Die Grundlage von Flegma und sinnlicher Behaglichkeit, welche Fallstafs Natur durchgehends karakterisirt, gehört zu dem allgemeinen Stil der theatralischen Versinnlichung desselben: wenn daher Fallstaf, aus Furcht, Unwillen, oder gieriger Heftigkeit, in seinen körperlichen Bewegungen dann und wann behender wird, so mufs der Schauspieler die ursprüngliche Trägheit desselben dabey jederzeit durchscheinen lassen. Das Spiel der Geste ist dazu fähiger als das Mienenspiel; lezteres schildert jedoch bestimmter und sprechender was zu den relativen Modifikazionen und transitorischen Illusionen der Äufserungen dieses Karakters gehört.

Ein grofser Theil komischer Wirkung, wird nicht selten blofs dadurch erreicht: dafs die Geste gerade das Gegentheil von dem bezeichnen was durch das Mienenspiel, in genauerer Verbindung mit dem Sinne der Worte, ausgedruckt wird. Bey Fallstafs seltsam verwebten Karakter (wo Wille und That, Vorsatz und Wankelmuth, Wahrheit, Affektazion, und Selbstbetrug, sich so oft durchkreutzen, und dessen geistige Volizionen mit seiner körperlichen Unbehülflichkeit so oft in Mifsverhältnifs stehen) darf die Pantomime der Geste, dem Ausdrucke des Mienenspiels, und dem Sinn der Rede zu einem solchen komischen Effekt widersprechen, ohne der Wahrheit der Darstellung nachtheilig zu seyn.

Fallstafs Geste werden in zwangvollen Situazionen zu Karrikatur, und sein Mienenspiel zu Grimassen. Außer solchen relativen Äußerungen aber, ordnet er seine Pantomime mit Ruhe und Zuversicht, und er begleitet seine fabelhaften Erzählungen mit einem sehr malerischen Detail der Geste und Mienen, gleichsam als ob er die Szenen dieser abenteuerlichen Begebenheiten recht anschaulich dabey vor Augen habe.

Das Spiel der Hände, in Verbindung mit dem halben Arme, kommt bey Fallstafs Gesten am öftersten vor, weil dasselbe zur komischen Pantomime überhaupt am anwendbarsten ist, und Fallstaf, ohne aus den Grenzen seines Flegmas herauszuschreiten, diese Theile des Körpers am leichtesten in Bewegung setzen kann.

Wenn übrigens ein Schauspieler die Rolle des Fallstafischen Karakters ganz flegmatisch behandeln wollte; so würde er den Geist derselben verfehlen, und seine Darstellung würde durch Vernachlässigung der mannigfaltigen Nüancen, die diese dramatische Komposizion seiner Kunst darbietet, den Reitz des Interesse verlieren, und durch Monotonie zugleich unwahr und überlästig werden.

VIII.

Ich lasse auf Fallstaf die Analyse einer tragischen Rolle folgen und wage mich an den Karakter des *Hamlet*.

Shakespeare hat sich bey der Komposizion des Trauerspiels dieses Nahmens, in Ansehung der dabey untergelegten Verhältnisse, mehr Freyheiten erlaubt, als wir in irgend einer seiner dramatischen Dichtungen tragischer Gattung gewahr werden.

Die Ursache davon beruht auf dem dazu gewählten *Karakter der Hauptperson*. Prinz Hamlet ist, vermöge der individuellen Eigenheit, welche ihm der Dichter beylegt, und vermöge der Übermacht eines dunkelen Schicksals, welches auf seinem Wege liegt, mehr der *leidende* als der *handelnde* Held des

Stücks. Shakespeare konnte, da er die Begebenheiten seiner Dichtung mittelst eines übernatürlichen Ereignisses zu motiviren für gut fand, der fremden Impulsionen nicht entrathen, um seinen, durch eben diese übernatürlichen Voraussetzungen, an Kraft gelähmten Helden, in den Gang des Stücks unwillkührlich hinein zu drängen. Hamlets Karakter kündigt sich beym Anfange dieses Trauerspieles auf eine von dem Erfolg sehr verschiedene Weise an. In der ersten Unterredung mit dem König und der Königin äufsert Hamlet ganz dreist, obwohl in der ihm eigenen Sprache, seinen Abscheu gegen die unanständige Eil ihrer Vermählung. In dem darauf folgenden Monolog erschöpft sich der einen geliebten Vater betrauernde Prinz freylich blofs in gehässigen Bildern und Gleichnissen über die Verderbnifs der menschlichen Natur; allein es ist auch noch kein Schatten von Ahndung in seiner Seele, welch ein schweres Verbrechen der leichtsinnigen Hochzeitfeyer seiner Eltern vorhergegangen sey. Hamlet vernimmt den Bericht der Wache, der die Gestalt des verstorbenen Königs vorgespuckt hat, mit der Ungeduld eines *muthigen* Jünglings: er will *selbst* sehen, alles genau *prüfen*; und der Argwohn einer verborgenen Übelthat, über welche er mit solcher Heftigkeit Licht und Aufschluſs begehrt, muſs durchaus in ihm mit dem *Vorsatz*, ja sogar mit dem *Wunsche* verbunden seyn, den *Rächer* dieser Übelthat abzugeben. Hamlet kömmt auf den Platz, wo das Gespenst dem Berichte nach umzugehen pflegt, und bis dahin entdeckt man in dem Karakter des Prinzen weder *Schwäche* noch schwankende Unentschlossenheit. Der Dichter hat indeſs die groſse *Veränderung*, welche in Hamlets Gemüthsstimmung vorgehen wird, durch eine Art Apologie, die er ihm kurz vor der Erscheinung des Geistes in den Mund legt, anzukündigen gesucht: er ahndet gleichsam, dafs die grauenvolle Szene, die er aufzusuchen den Muth hat, seine Standhaftigkeit überwältigen, und wie er sich ausdrückt: „seine Vernunft aus ihren Grenzen hinaustreiben werde.“ Die schauderliche empörende Entdeckung, welche Hamlet als eine Offenbarung übernatürlicher Art empfängt, ergreift so gewaltsam seine Fantasie, dafs der männliche Wille, welcher ihn vorher belebte, in ein ohnmächtiges durch Zweifel und Mifstrauen gefesseltes Bestreben ausartet; die sterbliche Natur unterliegt dem grausenden Eindrucke dieser überirdischen Erscheinung, die für Hamlets abergläubischen Wahn noch überdiefs zu einem zweydeutigen gefährlichen Schreckenbilde wird. Empfinge Hamlet die Überzeugung von dem an seinem Vater verübten Meuchelmord auf eine natürlichere Weise; so würde seine Rache entschiedener und rascher folgen. Es liegt also in dem Wundervollen der Aufforderung, dafs er so säumend dabey zu Werke geht, und den Vorsatz dazu, über allerley trübsinnigen Betrachtungen seines Schicksals, zu vergessen scheint.

Shakespeare hat auf eine ähnliche Weise den König Makbeth, in dem Trauerspiele dieses Nahmens, durch den abergläubischen Hang sein Schicksal durch Zauberinnen deuten zu lassen, aus seinem eigenthümlichen Karakter versetzt. Makbeth steht von dem Augenblick an, an Muth, Kraft und Entschlufs, sehr weit hinter Lady Makbeth seiner Gemahlin.

Um auf die Analyse von Hamlets Rolle überzugehen; so darf der Schauspieler nicht wähnen, dafs dieser Karakter willkührlich dargestellt werden könne, weil der Held des Stücks wenig aus sich selbst handelt, sondern durch die Übermacht eines unbekannten Schicksals geleitet, und durch das ganze Stück bis zu der lezten tragischen Katastrofe auf eine fast unwillkührliche Weise fortgedrängt wird. Die äufsern Verhältnisse stehen mit den ursprünglichen Äufserungen von Hamlets Karakter in genauer Verbindung, und beyde bestimmen die Behandlungsart dieser Hauptrolle.

Der Dichter führt die ersteren herbey, um Hamlets eigenthümlichste Natur desto karakteristischer und interessanter auszumahlen; und er giebt dem Helden dieses Trauerspiels gerade diese Bildung, um jene objectiven Determinazionen, zu einer höheren tragischen Wirkung, seinem Plane verweben zu können. Ich möchte daher behaupten, dafs das allgemeine Interesse dieses Trauerspieles, mehr auf Hamlets Karakter, und die höchste

Kraft der Wirkung desselben, mehr auf den äufseren Verhältnissen beruhe, von welchen diese Hauptperson umgeben wird.

Die Veranlassungen, welche Hamlets Karakter am wesentlichsten schildern, sind folgende: Die wundervolle Erscheinung, welche als ein Orakelspruch mehr auf das Herz und die Fantasie, als auf den Willen dieses jungen Prinzen wirkt. — Die kindliche Neigung zu einer geliebten Mutter, die er seines Mitleids werth achtet, weil er sie zu bessern glaubt. — Der tief empfundene Hafs gegen einen verabscheuungswürdigen Stiefvater, gegen den eine ohnmächtige, durch Zweifel gehemmte Rache in seinem Innern brütet. — Die Liebe zu Ophelia; die in der lautern Quelle seines Gefühls ihren ersten Ursprung nahm, bey trüberen Verhältnissen eines verworrenen Schicksals aber, ein blofses Spiel seiner Fantasie und der

Gegenstand banger Ahndungen wird. — Die Freundschaft zu Horazio seinem Schulgefährten, und zu Laertes dem Bruder Opheliens. — Sein Mifsverhältnifs zu den Hofleuten und Günstlingen des Königs. — Und endlich der humoristische Wahnsinn, den er sich bald zur Betäubung seines inneren Mifsmuthes aufzwingt, bald zur mystischen Hülle seiner wahren Gefühle, gegen die Ausforschungen verlarvter Kundschafter wählt, und den er (wie muthlose Menschen bey heftigen Leidenschaften zu thun pflegen) durch Übertreibung des Humors äufsert, und sich dadurch zu helfen glaubt.

Alle Szenen, wo sich Hamlet in der schaudervollen Nähe seines aus dem Grabe wiederkehrenden Vaters befindet, gehören zu der Art theatralischer Versinnlichungen, wo die von dem Dichter intendirte Wirkung am allermeisten durch das Spiel der Geste und Mienen erreicht wird. Der Ausdruck ruht ganz auf der Pantomime des Schauspielers, und die unbedeutendere Rede gleitet vor dem staunenden Zuschauer fast unbemerkt vorüber. — Hier ist alles Stil, und die kleinste körperliche Bewegung muſs den Sinn der ganzen Darstellung bezeichnen und ausbilden helfen. Die Nüancen der Pantomime werden durch den früheren oder späteren Eindruck, welchen diese übernatürliche Erscheinung auf Hamlet macht, und durch die sichtbare, oder bloſs hörbare Nähe des Geistes bestimmt. Die Accentuazion der Rede, erhöht sich am meisten, wenn der schauderliche Eindruck dieses Schreckenbildes in voller Kraft der Überraschung auf Hamlets Sinne wirkt.

Wenn der Schauspieler die bekannte Apostrofe, womit Hamlet das Herz seiner Mutter bestürmt, richtig behandeln will: so muſs er sich bey den meisten Stellen dieser bilderreichen Tirade ganz als Redner betrachten. Er darf die Absicht, daſs er dabey auf eine überdachte und berechnete Wirkung, ausgehe, merkbar durchscheinen lassen, und willkührlicher manches declamatorische Mittel in Anwendung bringen. Allein so oft Hamlet, durch die Macht seiner Vermahnungen, selbst in einen affektvollen Zustand versetzt wird, und die Wirkung, welche er beabsichtiget, ihn selbst ergreift; so muſs der Schauspieler sich genauer an die Grenzen seiner Kunst halten, und den Ausdruck eigener Gefühle, mit Aufopferung jener declamatorischen Effekte, so wahr schildern, als es ihm das Bedingniſs der theatralischen Kunst gestattet. — Seine belebende Versinnlichung kehrt also in diesem Falle zu einem bestimmten Stil zurück.

Hamlets Verhältniſs zu dem König stellt das Wankelmüthige, Unentschlossene, das in seinen Karakter übergegangen ist, am deutlichsten dar. Sein zur Rache aufgeforderter Arm ist gelähmt, weil er den Argwohn zu bekämpfen hat: ob nicht ein tückischer Dämon ihm, aus verderblichen Absichten, in der Gestalt seines Vaters ein bloſses Blendwerk vorgegaukelt habe. Hamlet sucht Aufschub, er sinnt sich den Einfall aus, das Gewissen seines Stiefvaters durch ein Schauspiel, welches die demselben angeschuldigte That zum Gegenstande hat, auf die Probe zu stellen. Das Schauspiel thut Wirkung, der heuchlerische Mörder seines Vaters steht entlarvt vor Hamlets Augen; allein der Schatten des durch Gift hingerichteten Königs erlangt noch immer die gebotene Rache nicht. Für den Schauspieler ist dieſs eingeschaltete Zwischenspiel indeſs von Wichtigkeit: denn von dieser Epoche an, wo das Gewissen des Königs so sichtbar an der Probe scheiterte, und Hamlet aus dem Hinterhalte seiner Bedenklichkeiten herausgedrängt wird, muſs der Schauspieler in die Darstellung dieses Prinzen den Ausdruck aller der Empfindungen legen, zu welchen er durch die lebhafter gewordene Erinnerung seines geleisteten, und mit einem dreyfachen Schwur bekräftigten Versprechens der Rache, nunmehr aufgeregt wird. Die Anstrengung, welche Hamlet von diesem Augenblick an anwendet, um seinen unmännlichen Wankelmuth zu besiegen, und sich zu der ihm übertragenen Rache anzufeuern, erlaubt dem Schauspieler, der theatralischen Versinnlichung dieses Karakters, durch einen erhöhten Ausdruck der Rede und Pantomime, mehr Kraft und Nachdruck zu geben, und denselben durch einen mehr befestigten Stil der tragischen Entwickelung entgegen zu führen.

Ich glaube der Shakespearischen Dichtung gemäſs annehmen zu dürfen, daſs Hamlet Ophelien wirklich liebt, und daſs eine wahre leidenschaftliche Zuneigung ihn an dieses sanfte duldende schwärmerische Wesen fesselte, ehe der Zeitpunkt erschien, von welchem dieſs Trauerspiel ausgeht, und der seiner Liebe einen so seltsamen Anstrich giebt, und sie aus höchst ungewöhnlichen Auſserungen gleichsam nur hervorblicken läſst. Erst gegen das Ende des Stücks, vernimmt man das Geständniſs dieser Leidenschaft, in dem reinen ungeschmückten Ausdruck eines wahren Gefühls aus Hamlets Munde; da er, in Opheliens Grabe mit Laertes kämpfend, seiner Mutter und dem beleidigten Bruder diese Gefühle entdeckt: „Ich liebte Ophelien! sagt er, und vierzig tausend Brüder könnten mit aller ihrer Liebe zusammen das Maas der meinigen nicht aufwiegen“ — Diese Stelle, und einige an Laertes gerichtete Reden, sind fast die einzigen, wo Hamlets Liebe zu Ophelien sich als Drang des Herzens äufsert, und den Ausdruck eines wirklichen Affektes annimmt. Die übrigen Szenen zwischen dem Prinzen und Ophelien, worunter die erste im dritten Akt die vorzüglichste ist, müssen von dem Schauspieler blofs als Äufserungen einer trüben, Unglück ahndenden Fantasie behandelt, und zu jenem Ausdrucke eines leidenschaftlichen Zustandes nie erhoben werden. Die wiederhohlte Vermahnung an Ophelien. „Geh in ein Nonnen Kloster!“ womit Hamlet seine wunderliche, aus Wohlwollen oft bittere Unterhaltung zu unterbrechen pflegt, leidet durchaus weder Innigkeit noch Wärme; vielmehr mufs der Ton der Stimme eine aus Unmuth kalte Resignazion in den Gang der Verhängnisse schildern. Um das einförmige dieser mehrmahls erneuerten Vermahnung zu vermeiden, so kann der Schauspieler selbiger durch mehr oder minder Zuversicht im Ton, und durch ein langsameres oder geschwinderes Sprechen, einige Abwechselung ertheilen. Ich würde dabey, um die beyden letzten Wiederhohlungen der Worte „geh in ein Nonnen-Kloster!" auffallender zu nüanciren, dem Schauspieler anrathen, selbige als den Sarkasmus eines erbitterten Gemüthes zu behandeln.

Gegen Horazio ist Hamlet offen, wahr, warm, und natürlich. Sein Betragen gegen Laertes ist edel, und Hamlets Anhänglichkeit an Ophelien äusert sich, in den feindlichen Verhältnissen mit dem Bruder, durch Schonung gegen denselben, und durch ein tiefes Gefühl des Unrechts, worein die Verworrenheit seines Schicksals, ihn gegen Polonius Kinder versetzt hat. — Hier wird die Darstellung des Schauspielers durch

Wahrheit, Gefühl, und Natürlichkeit geleitet; denn alle diese Äufserungen sind ursprünglich in Hamlets Karakter begründet.

In einem ganz andern Licht erscheint dieser Prinz hingegen, wenn er mit den zu Kundschaftern gedungenen Hofleuten, Rosenkranz und Güldenstern, zusammen gestellt wird, oder ihm der weitschweifige inquirirende Minister Polonius unvermuthet in den Weg kommt. Alle diese Szenen sind der Tummelplatz seiner Witzspiele, womit er unter dem Schein einer von Wahnsinn zerrütteten Fantasie, dergleichen Gesandtschaften zum Besten hat, indem er ihren Erforschungen allerley wunderliche Gleichnisse und Bilder entgegen stellt, und sie unverrichteter Sache damit abzufertigen sucht. Diese seltsam eingekleideten Repliken enthalten immer eine treffende Wahrheit, die entweder auf Hamlets eigne Lage einen Bezug hat, oder als Spott auf die zudringlichen Kundschafter zurückfällt. — Der Schauspieler kann diese Art Szenen ganz leicht und frey behandeln. Oft aber kehrt Hamlet, in Selbstgesprächen oder bey andern Veranlassungen, diese spizfindige aberwitzige Bildersprache gegen sich selbst; dieſs geschieht, wenn ein innerer Unmuth über seine Unentschlossenheit ihn bis zur Selbstverachtung erbittern will, wo er alsdenn zu einem humoristischen Spötter wird, der mit Wahrheit und Gefühl ein fantastisches Spiel treibt, um seinem ohnmächtigen Zustande durch willkührliche Sofistereyen das Wort zu reden. Dann bedarf dieser Anstrich von Wahnsinn eine sorgfältigere Behandlung, und der Schauspieler muſs denselben, mehr als vorhin, der Wahrheit einer bestimmten karakteristischen Äuſserung zu nähern suchen.

Der bekannte Monolog: „Seyn oder nicht seyn“ u. s. w. hat zwar auf das angenommene Verdienst eines darein verborgenen metafysischen Scharfsinns eigentlich keinen Anspruch; allein der Dichter hat, bey dieser Rede, einen vielleicht minder bemerkten aber wichtigen Zweck beabsichtigt, der auf den Gang des Stückes genau berechnet ist. Die dunkele Verworrenheit von Hamlets Geschick, das Wankelmüthige seines Karakters, und die Ohnmacht, der That, zu der ein übernatürlicher Beruf ihn antreibt, entgegen zu schreiten, diefs alles zusammen gestellt, hätte dem Zuschauer leicht die Vermuthung einflöfsen können, dafs Hamlet durch einen Selbstmord seinem belasteten Daseyn ein Ende machen werde. Dieser Vermuthung, welche dem Interesse des Stücks nachtheilig seyn würde, kommt der Dichter durch diesen Monolog wohlbedächtig zuvor.

Man merkt es dem Anfang dieses Monologs ab, daſs Hamlet, ehe er auf die Bühne tritt, sich mit dem Gedanken beschäftigt hat, seinem Leben ein Ende zu machen; er wird durch die Betrachtungen, welche wir aus seinem Munde vernehmen, auf das ganze natürliche Resultat geführt: daſs das Gewisse besser sey als das Ungewisse; und indem er sich selbst zur Ausduldung aller ihm bevorstehenden Begegnisse dadurch auffordert, so fällt die irrige Vermuthung eines Selbstmordes, welche Hamlet durch einen Monolog beym Anfang des Stücks veranlaſst haben könnte, hinweg, und der Zuschauer erharret die Entwickelung, ohne darüber etwas voraussehen zu wollen. — Ein feyerlicher Ernst ist die zweckmäſsigste Behandlungsart dieses Monologs, und durch ein leises Sprechen der ersten Sätze, wird der Inhalt der ganzen Rede am besten vorbereitet, und die Aufmerksamkeit der Zuhörer daran gefesselt werden. Da dieses Selbstgespräch nichts enthält, was einer mimisch-malerischen Versinnlichung fähig wäre, so sind dabey sehr wenige bloſs rednerische Geste in Anwendung zu bringen.

Zeitfracht Medien GmbH
Ferdinand-Jühlke-Straße 7
99095 Erfurt, Deutschland
produktsicherheit@kolibri360.de